Abbildung und Beschreibung aller Ritterorden in Europa

REPRINT – VERLAG
LEIPZIG

Die zum Teil geminderte Druckqualität ist auf den
Erhaltungszustand der Originalvorlage zurückzuführen

Volker Hennig, Goseberg 22-24, 37603 Holzminden
ISBN 3-8262-1807-8

Reprint der Originalausgabe von 1792
nach dem Exemplar der Sächsischen Landesbibliothek -
Staats- und Universitätsbibliothek Dresden
(Signatur: 34 8° 5324)

Lektorat: Andreas Bäslack, Leipzig
Einbandgestaltung: Jens Röblitz, Leipzig
Gesamtfertigung: Westermann Druck Zwickau GmbH

Jac. Andr. Fridrich jun. Sc. A. V.

Abbildungen

und

Beschreibung

aller hoher

Geistlichen, Weltlichen,

und Frauenzimmer

Ritter-Orden

in Europa.

Mit 48 Kupfern.

Augsburg,
im Verlag Christoph Friederich Bürglen,
Buchhändler.
1792.

Verzeichniß

der in diesem Werkgen vorgestellten und beschriebenen hohen

Ritter-Orden.

In drey Abschnitte getheilet.

Erster Abschnitt.

Geistliche Ritter-Orden.

Zweyter Abschnitt.

Weltliche Ritter-Orden.

A. Päbstliche.

B. Kayserliche.

VI.

D. Chur-

D. Churfürstliche.

E. Erzbischöfliche.

F. Fürstliche.

G. Republicanische.

Dritter Abschnitt.

Frauenzimmer-Ritter-Orden: und Chursächsischer Militär, und Churpfälzischer Löwen-Ritter-Orden.

XLIII.

Chur Cölnische Teutscher Orden.

Erster Abschnitt.

Von denen Geistlichen Ritter-Orden.

I.

Von dem Orden der Creutz-Herren, oder vom Deutschen Orden.

Gestiftet im Jahr Christi 1191.

Unter so vielen militärischen Orden, deren Errichtung der Krieg in Syrien verursachte, ist dieser Orden wohl einer der beträchtlichsten und ansehnlichsten.

Es hat derselbe mit dem Johannitter-Orden fast einerley Ursprung. Denn anfangs bauete ein andächtiger Deutscher, welcher sich zu Jerusalem häuslich niedergelassen, auf Erlaubniß des daselbstigen Patriarchen, für die kranke Pilgrimme und Landsleute ein Hospital, nebst einer Capelle zu Ehren der Mutter Gottes. Es fanden sich alsbald viele

Deutsche, welche ein so löbliches Vorhaben zu befördern suchten, unter welchen die Bremer und Lübeker sich sonderlich hervor thaten, und ihren Eifer hierinn bezeugten, da sie sich bey der Belagerung Acre (sonst Ptolemais genant) der Pilgrimme nicht nur fleissig annahmen, sondern sich auch viele in obsagtes Hospital begaben, der Kranken zu pflegen.

Also legten auch viele Grosse die Hände an das Werk, und Pabst Cälestinus III. errichtete davon einen förmlichen Orden, unter dem Titel: **Der Brüder des Deutschen Hauses, und Hospital Unserer Lieben Frauen zu Jerusalem**; erlaubte ihnen auch aus ihrem Mittel ein Oberhaupt zu erwählen, als wozu sie **Heinrich von Wallpott**, der aus einem alten adelichen Hause herstammete, ernennet, und A. 1191. die Regeln des H. Augustini angenommen hatten.

Das Ordens-Zeichen ist ein weisser Mantel, und auf desselben linker Seite ein schwarzes Creutz mit einer silbernen Einfassung. In dem Wappen führen die Ritter auch dieses Creutz in einem silbernen Felde, welches Pabst **Cälestinus** III. gedachtem Wallpott 1193. zu führen erlaubte. Dieses Creutz aber ist nach und nach verändert und vermehret worden; wie dann demselbigen **Johannes von**

Breme,

Breme, König zu Jerusalem, 1206. ein goldenes beygefüget.

Unter dem vierten Großmeister dieses Ordens, Hermann von Salza, welcher durch seine Geschicklichkeit und Klugheit die zwischen dem Pabst Honorio III. und Kayser Friederich II. entstandene Mißhelligkeiten glücklich beylegte: ertheilte der Kayser, seine Erkenntlichkeit zu bezeugen, dem Großmeister und dessen Nachfolgern nicht nur die Würde eines Reichs-Fürsten, sondern erlaubte ihm auch, den Reichs-Adler mit in das Wappen zu setzen. Der Pabst gab seine Hochachtung gleichfalls dürch Schenkung eines Ringes von grossem Werth gegen ihn an den Tag, welchen er beständig tragen sollte, und es wurde nach der Zeit zur Gewohnheit, daß, wenn man den Hoch-Meister erwählte, man ihm diesen Ring als ein Denkmahl dieser merkwürdigen That gab. Endlich zierte Ludwig IX. König in Frankreich, unter dem fünften Heer-Meister, Conrad, Landgrafen von Thüringen, 1250. des Creutzes Spitzen mit 4 goldenen Lilien.

Die Ritter dieses Ordens setzten sich durch ihre Tapferkeit in so grosse Hochachtung, daß Herzog Conrad von Massovien und Cujavien 1229. eine feyerliche Gesandtschaft an ihren Hochmeister, Hermann von Salza, abschickte, ihn um seine Freundschaft zu ersuchen, und zu bitten, er möchte ihm in der dringenden Noth, worinn er wäre, wider den Grimm und die Wuth der unglaubigen Preussen Beystand leisten; und damit er diesen Orden in sein Land zöge, so gab und trat der Herzog ihme zu gleicher Zeit das Culmische und Lobauische Land, und alles dasjenige ab, was er von den Preussen erobern könnte; um sie ganz aus ihrem Besitz und Herrschaft zu vertreiben.

Diese Schenkung schickte er dem Hochmeister, welche auch von Pabst Gregorio IX. confirmiret worden.

Bey der Regierung dieses Hermann von Salza wurde der Orden der Schwerdtträger aus Liefland unter ihrem Heermeister, **Volquin Schenk**, mit diesem Orden von Gregorio IX. vereiniget. Diese Vereinigung geschahe zu Rom im Jahr 1238. nach einiger Meinung, und nach anderer ihrer im Jahr 1234. da dann die Ritter dieses Ordens so mächtig geworden waren, daß sie sich fast von ganz Liefland und Preussen Meister gemacht, worinnen sie 9 Bißthümer, nemlich 4 in Preussen, und 5 in Liefland gestiftet hatten; auch erbaueten sie, neben einigen andern Städten in Preussen, Elbingen, Marienburg, Thorn, Danzig, und Königsberg.

In

In dem Jahr 1295. brachten sie die Preussen unter ihre völlige Bottmässigkeit, nachdem sich die Letztern fünfmal gegen sie empöret hatten.

Keinen geringern Fortgang hatte der Orden auch in Liefland, wo er auch noch Curland und Semigallien eroberte, nachdem er gedachte Provinz in dem Jahr 1288. gänzlich unter seine Herrschaft gebracht hatte.

Die Ritter dachten nach diesem weiter an nichts, als wie sie ihre Eroberungen wider die benachbarten Völker in Sicherheit erhalten möchten, welche oftmals mit ansehnlichen Völkern in die dem Orden zugehörige Lande einfielen; welches dann Ursache war, daß sie harte Kriege wider die Litthauer und Russen auszustehen hatten: während der Zeit aber, da der Orden beträchtliche Vortheile über sie erhielte, bekam er in Syrien einen verdrießlichen Stoß unter dem XIten Hochmeister, Conrad von Feuchtwangen, indeme die Stadt Acre, worinn das vornehmste Haus des Ordens war, im Jahr 1291. von dem Sultan in Aegypten, Mulech Seraph, weggenommen, und die noch übrigen deutschen Ritter genöthigt worden, das gelobte Land zu verlassen.

Sie blieben einige Zeitlang zu Venedig, und erwählten sich nachhero die Stadt Marburg in Hessen, allwo noch ein prächtiges deutsches Haus stehet, zu ihrem Hauptsitz. Der Hochmeister, Gottfried von Hohenlohe aber verlegte ihn im Jahr 1306. nach Preussen in die Stadt Marienburg, und seit der Zeit hat es keinen Landmeister mehr in Preussen gegeben.

Ausser den schweren Kriegen, welche der Orden führte, geriethe derselbe auch viele Jahre in innerliche Unruhen und Spaltungen, welche Uneinigkeiten unter der Regierung des Hochmeisters Conrad von Jungingen, der König Jagello in Pohlen sich zu Nutze zu machen bemühete. Er grif mit Witholden, Herzoge in Litthauen, Preussen an. Als aber der Heermeister in Liefland dem Hochmeister zu Hülfe kam, so wurde zwischen Pohlen und dem Orden im Jahr 1403. Friede gemacht, welcher aber von keiner langen Dauer war. Denn er wurde von Ulrich von Jungingen gebrochen. Dieses nöthigte Uladislaven Jagello, alle seine Macht mit seines Vaters Witholds, Herzogs von Lithauen, zu vereinigen, und brachte ein Heer von 150000 Mann auf, womit er den Hochmeister angriffe, der nur 83000. Mann hatte. Das Treffen wurde 1410. den 15ten Julii a. st. bey dem Dorfe Tonnenberg geliefert, und war so blutig, daß 60000. auf Pohlnischer, und 40000. auf der Ritter Seite blieben.

End:

Endlich machten gar verschiedene Länder und Städte zu Marienwerder einen Bund wider ihre unbillige Gewalt, und 1453. ergab sich das meiste Preussen von den Rittern weg, in Königl. Pohlnischen Schutz.

Hieraus entstunde erstlich ein schwerer Krieg, und nachhero durch Päbstliche Vermittlung 1466. zu Thorn zwischen dem Orden und dem Könige Casimiro IV. von Pohlen folgender Vertrag und Friede: daß nemlich der Cron Pohlen, Pomerelien, samt dem Culmischen und Michelauischen Gebiete, wie nicht weniger Ermland, Marienburg und Elbing abgetretten, und das übrige Theil von Preussen aber dem Orden als ein Pohlnisches Lehen verbleiben sollte.

Endlich wurden die Creutz-Herren im XV. Seculo gar aus Preussen delogirt; dann ihr Hochmeister, Marggraf Albrecht zu Brandenburg, nahm die Lutherische Religion an, und wurde von seinem Vetter, Sigismundo, König in Pohlen, 1525. den 5ten April zu Cracau mit obiggedachtem Antheil in Preussen eigenthumlich belehnet. Und solchergestalten kam Preussen an das Haus Brandenburg, welches man nachhero das Herzogliche Preussen genannt, und unter Friederich III. Marggrafen zu Brandenburg, und Churfürsten des H. R. Reichs 1701. zu einem Königreich erhoben worden.

Inzwischen retirirte sich der damalige Groß- meister, **Walther von Kronberg**, nach Mergent- heim in Franken, nennte sich einen Administrator des Hochmeisterthums in Preussen, und Meister der deutschen Orden in den deutschen und wel- schen Landen; wurde auch zu einem Mitglied des Fränkischen Crayses aufgenommen; und so ver- blieb es bis auf den heutigen Tag.

Die jetzigen Ordens-Länder werden in XI. Balleyen eingetheilet, nemlich 1. in die Elsassische, 2. in die Oesterreichische, 3. die von der Etsch, oder die Tyrolische, 4. die von Coblenz, 5. die Fränki- sche, 6. die zu Biessen, 7. die zu Westphalen, 8. die Lothringische, welche allesamt Catholisch; 9. die Hessische, 10. die Thüringische, und 11. die Säch- sische, welche drey letztere meistens der Lutherischen Religion zugethan sind, aber doch den Herrn Deusch- meister für ihr Oberhaupt erkennen, und auf den Capitul-Tagen zu Mergentheim erscheinen.

Der jetzige Deutschmeister sind **Maximilian Franz Xaver Joseph**, Erzherzog von Oester- reich 2c. Erzbischof und Churfürst zu Cölln.

Johanniter oder Maltheser Orden.

II.

Von den Hospitalitern vom Orden des H. Johannis v. Jerusalem, welche nachher Rhodiser- und jetzo Malteser-Ritter genannt werden.

Gestiftet im Jahr Christi 1048.

Es ist dieser Orden, welcher in seinem Anfang sehr schwach gewesen, unstreitig für einen der allerältesten und berühmtesten in der ganzen Welt zu halten. Bey Anfang des XIten Seculi wünschten die Kaufleute aus der Stadt Amalfi im Königreiche Neapolis, welche nach Syrien handelten, und gemeiniglich die heiligen Oerter in Jerusalem besuchten, eine Kirche zu haben. Sie erlangten auch durch die erhaltene Gunst des damaligen Califen in Aegypten, Romensor von Mustesaph, die Erlaubniß, eine Kirche in der Stadt Jerusalem zu bauen, in dem

Quartier der Christen vor dem Tempel der Auferstehung. Sie weiheten solche in der Ehre der H. Jungfrau Maria, und stifteten daselbst ein Kloster für die Religiosen vom Orden S. P. Benedicti, welche Sorge trugen, die Pilger auf- und anzunehmen.

Diese Kirche wurde zu St. Maria der Lateinischen genannt, um sie von andern Kirchen zu unterscheiden, worinne man nicht den Lateinischen Bräuchen folgete.

Weilen die Anzahl der Pilgrimme mit der Zeit zunahm, so bauete man neben der Kirche zu S. Maria de Latina noch ein Hospital, um so wohl die kranken als gesunden Mannspersonen darinne, unter der Führung eines Meisters oder Rectors, aufzunehmen, welcher von dem Abbt zu St. Maria sollte ernannt werden, und man stiftete daselbst noch eine Capelle in der Ehre St. Johannis des Täufers.

Ein gewisser Gerhard, mit dem Zunamen Tom, aus der Insel Martigue in der Provence gebürtig, war der erste, welcher darinnen die Aufsicht hatte, und einige Jahre nachhero, da Gottfried von Bouillon die Stadt Jerusalem den 15ten Julii 1099. erobert hatte, wurde er von der Mildthätigkeit, welche man in dem Hospital zu St. Maria de Latina ausübte, dergestalt erbauet, daß er ihr einige Güter gab, die er in Fraukreich hatte.

Andere

Andere hohe und vornehme Personen ahmten diesem Fürsten in seinen Freygebigkeiten nach, und die Einkünften des Hospitals vermehrten sich.

Gerhard hielte es nebst seinen Hospitaliter-Brüdern für dienlich, sich von dem Abbt und den Religiosen des Klosters zu St. Maria de Latina zu trennen, und eine besondere Congregation unter dem Schutz und in der Ehre des H. Johannis des Täufers auszumachen. Und das war die Ursache, daß man sie nachher Hospitaliter oder die Hospital-Brüder des H. Johannis von Jerusalem oder Johanniter nennte.

In dem Jahr 1113. erhielte Gerhard von dem Pabst Paschal II. die Bestättigung dieser Schenkungen, welche dem Hospital gemacht worden, nahm sie in Apostolischen Schutz, und verordnete, daß nach Gerhards Tod, die Aufseher oder Rectores von den Hospital-Brüdern sollten erwählt werden. Gerhard starb im Jahr 1118. Raymund du Puy aus dem Delphinate gebürtig, folgte Gerharden, und nahm zuerst den Titel eines Meisters an. Bis hieher hatten die Hospitaliter noch keine geschriebene Regel gehabt.

Raymund du Puy aber verband sie durch einige ihnen vorgeschriebene Regeln, die drey feyerliche Gelübde, der Armuth, der Keuschheit und des Gehorsams zu thun: und weilen derselbige einige Dinge in diese Regel gesetzt hatte, welche aus des H. Augustini genommen waren: so machte solches, daß man diesen Orden der Johanniter von Jerusalem stets unter die Zahl derjenigen gesetzt hat, welche der Regel des H. Augustins folgen.

Dieser erste Großmeister theilte die Hospitaliter nachhero in 3 Classen. Die erste bestunde aus Edelleuten, die er zur Vertheidigung des Glaubens und Beschützung der Pilgrimme bestimmte; die 2te aus Caplänen und Priestern, zum Gottesdienst; die 3te aus den dienenden Brüdern, die nicht adelich, doch ebenfalls zum Krieg bestimmt waren. Man führte weiter die Gewohnheit ein, die Ritter mit Ceremonien in den Orden aufzunehmen, welches im Jahr 1130. vom Pabst Innocentio II. gebilliget worden, und verordnete: es sollen die Ritter zu ihrer Fahne im Krieg ein weisses dickes Creutz im rothen Feld führen, welches noch jetzo das Wappen des Ordens ist. Ob er nun gleich zu einem Ritter-Orden also erhoben worden, so nannte man sie doch nicht eher Ritter, als bis sie die Insel Rhodis erobert hatten.

Als in dem Jahr 1187. die Stadt Jerusalem nebst der schönen Stadt Acre an den Saladin, Califen

lifen in Aegypten übergieng, so retirirte sich der Orden nach Margat in Phönicien, welche Stadt ihm zugehörte, und welche derselbe 1285. verlohren. Nachdem sich die Christen der Stadt Acre aber 1191. wieder bemeistert hatten, legten die Ritter ihren Sitz dahin.

Als sie aber von dem Sultan Mulee-Seraph 1291. den 18ten May mit stürmender Hand wieder erobert wurde: so wandten sich die Ritter nach der Insel Cypern in die Stadt Limisson, worinne sie etwa 18 Jahre blieben, bis sie sich unter ihrem Großmeister Fulco von Villaret der Insel Rhodis nebst vielen umliegenden Inseln im Jahr 1309. bemeistert hatten.

Sie besassen dieselbe 213 Jahr ruhig; allein 1524. den 15ten December nahm sie ihnen der Türkische Kayser Soliman II. alle wieder ab.

Darauf wandten sie sich nach Castro Messina und Rom, bis nach vielem Herumschweifen, Kayser Carl V. 1530. den 24ten Merz ihnen die Insel Malta, welche 20 Französische Meilen lang, und 12 breit ist, auch 2 vortrefliche Städte, Civita Vecchia und Valette in sich hat, nebst ungefehr 50 Flecken oder Dörfern umher, mit der Bedingung übergeben, diese Insel zu beschützen, und den Türkischen

kischen Seeräubern allen möglichen Abbruch zu thun. Ihr Oberhaupt, (welcher sich einen Großmeister des Hospitals zu St. Johann Baptist in Jerusalem und Guardian der Armen unsers Herrn Jesu Christi nennet) residiret gleichfalls noch heutiges Tages daselbst, und wird der Orden jetzo in 8 Zungen oder Nationes eingetheilet, nemlich 1. in die von der Provence, 2. Auvergne, 3. Frankreich, 4. Italien, 5. Arragonien, 6. Deutschland, 7. Castilien, und 8. Engeland.

Der Großmeister führt den Titul Eminenz, wie die Cardinäle, und die hohen Aemter des Ordens sind folgende:

1) Der Gros-Commenthur, der aus der Zunge von Provence erwählet wird.

2) Der Marschall, das Haupt der Zunge von Auvergne.

3) Der Hospitalier, das Haupt der Zunge von Frankreich.

4) Der Groß-Admiral, das Haupt der Zunge von Italien.

5) Der Grand-Conservateur, von Arragonien.

6) Der Groß-Balley von Deutschland, als das Haupt der deutschen Zungen.

7) Der

7) Der Groß-Canzler, von Castilien und Portugall. Und

8) die Englische, welche wegen der Religions-Veränderung nicht mehr besteht, hatte den Turcopolier oder Führer des Fußvolkes zum Haupte.

Zu Kriegs-Zeiten tragen die Ritter über ihren Rock ein rothes Ober-Kleid, in Gestalt einer Dalmatica, welche vorn und hinten mit einem breiten weissen Creutz ohne Spitzen gezieret ist, und welches das Ordens-Wappen ist. In Friedens-Zeiten aber, oder wenn sie nicht in Waffen sind, tragen sie auf der linken Seite ihrer Kleidung und langen schwarzen Mantels, das achtspitzige weisse leinwandene Creutz, welches das wahre Ordens-Kleid ist. Vorne auf der Brust tragen sie ein goldenes Creutz an einem schmalen schwarzen Bande, welches aber nur ein äusserlicher Zierath ist.

Die ordentliche Kleidung des Großmeisters besteht aus einem Leibrocke von Tobin oder Tuch, welcher vorne offen, und mit einer Gürtel umgürtet ist, an welchem ein Beutel hängt, um die Mildthätigkeit gegen die Armen anzudeuten, und über diesen Leibrock trägt er eine andere Art Rock von Sammte, auf welchem auf der linken Seite und

auf

auf der Schulter das Ordens-Creutz ist, welches er auch auf der Brust trägt.

Der Schnabel-Mantel (*Manteau à bec*) welcher den Rittern bey Ablegung des Gelübtes gegeben wird, ist schwarz, und mit dem Ordens-Bande sind die Geheimnisse des Leidens unsers Herrn Jesu Christi mit dazwischen geflochtenen Körben vorgestellt, welche, wie gesagt, die gegen die Arme auszuübende Christliche Liebe andeuten. An diesem Mantel sind 2 lange Aermel, fast von einer Elle, und in der Höhe ungefähr einen halben Fuß breit, welche spitzig ausgehen. Sie wurden sonst über die Schultern geworffen, und auf dem Rücken zusammen geknüpft.

Die Kleidung der Ritter Groß-Creutze, wenn sie in der Kirche sind, ist eine Art von einem schwarzen Rocke, Clocia oder Glocke genannt, welcher vorne offen ist, und grosse Aermel hat, auf welchem auf der linken Seite der Brust, und auf der Schulter das Ordens-Creutz mit dem grossen Bande ist, an ihrer Seite aber haben sie den Degen. Wenn sie in den Rath gehen, so haben sie dergleichen schwarzen Rock, der aber vorn zu ist, und nur das grosse Creutz auf der Brust hat. Sie tragen alsdann auch weder Degen noch Band.

Anjetzo

Anjetzo geräth der Orden in Malta ziemlich in das Abnehmen, dahingegen das Ansehen der Baley Brandenburg je mehr und mehr steiget, welches wir um deswillen hier anmerken sollen, weilen wir bey Vorstellung dieses Ordens das Ordens-Zeichen der Baley Brandenburg abzubilden erwählten, welches, wie das Ordens-Zeichen von Malta, ein goldenes achtspitziges weis emaillirtes Creutz ist, ausser daß in dessen 4 Winkeln 4 goldene Adler mit ausgebreiteten Flügeln zu sehen.

Dieses Creutz tragen die Ritter an einem 2 Finger breiten schwarz gewässerten Band, um den Hals auf der Brust hängend: überdem bekommen sie einen schwarzen Mantel, auf dessen linker Seite ein weisses achtspitziges Creutz aufgeheftet ist. In dem Herrn Meisterthum von Brandenburg wird niemand ohne Beweis 16 adelicher Ahnen zu diesem Orden aufgenommen, und der jetzige Herrn Meister sind des Prinzen **Ferdinand** von Preussen königl. Hoheit.

Zweyter Abschnitt.

Von den
Weltlichen Ritter-Orden.

A. Päbstliche Ritter-Orden.

III.
Von dem Orden
vom
Goldnen Sporn.
Gestiftet im Jahr Christi 1559.

Bey Beschreibung dieses Ordens müssen wir anmerken, daß die Ritter desselben von denjenigen Rittern zu unterscheiden sind, welche von Kaysern und Königen an ihren Krönungs- und Vermählungs-Tägen zu Rittern geschlagen, und zugleich mit dem goldenen Sporn beehret werden, wovon sie *Equites aurati* heissen.

Einige Geschichtschreiber meinen, daß Pabst Pius IV. diesen Orden zu Rom im Jahr 1559. eingesetzt habe. Allein, es scheinet nicht, sagt P. Heliot,

Päbste Orden.

Heliot, daß dieser Pabst dem Orden, welchen er errichtet, den Namen vom goldenen Sporn, sondern vielmehr seinen eigenen Namen gegeben habe, und man finde eine Bulle von Pabst Pio V. im Jahr 1569. gestellet, worinne die Ritter dieses Ordens *Chevalier des Pies* oder der *Piorum*, genennet worden.

Dieses ist wahr, wie *Pierre de Belloi* in seinem Tractat *de l'origine de Chevalerie* ꝛc. sagt: daß die Ritter der *Piorum*, auf eben die Art, wie die vom goldnen Sporn creirt worden.

Favin sagt: daß diese Ritter auch darum vom goldnen Sporn genennet worden, weilen sie die Erlaubniß hatten, denselben zu tragen; und in den Receptions-Briefen, welche den Rittern vom Sporn ertheilet worden, wurden selbige *Sacri Palatii Lateranensis Comites, Milites & Equites aurati* genennet. Aber dieses goldene achtspitzige roth emaillirte Creutz, an welchem unten ein goldener Sporn hängt, und welches das Ordens-Zeichen der Ritter vom Sporn ist, ist nicht das Ordens-Zeichen, welches Pabst Pius IV. denen von ihm creirten Rittern gab: indem selbiges aus einer goldnen Medaille bestund, auf welcher auf einer Seite das Bildniß des H. Ambrosii, und auf der andern Seite das Wappen des jedesmalig regierenden Pabsts zu sehen

war:

war: welches aus dem von dem Abbt Giustiniani angeführten Zeugniß erhellet, welches er aus der von bemeldtem Pabst über die Errichtung des Ordens der *Piorum*, ertheilten **Bulla** mit diesen Worten anführet: *Insigniaque dictorum Militum Piorum esse volumus imaginem B. Ambrosii Ep. ab una parte alicujus pendentis aurei, & ab altera parte insignia nostra, vel p. t. existentis Pontificis &c.*

Mithin ist es wahrscheinlich, daß Pabst **Pius** IV diesen Orden vom güldenen Sporn nicht errichtet, und daß diejenigen Orden, welchen er seinen Namen gegeben, eben dasjenige Fatum gehabt, welches die Orden von St. Petro, Paulo und U. L. Frauen von Loretto betroffen, welche sämtlich unterdrückt sind, und deren Rittere Officianten der Päbstlichen Canzeley sind: Wie dann unter diesen Officianten aufs wenigste über 500 solche *Cavalieri* des Ordens der *Piorum* sich befinden, deren Bedienungen jede auf 1000 Thaler sich erstrecket. Unser Autor sagt ferner: daß der Pabst ihnen grosse Privilegia verstattet habe. Er gab ihnen nicht nur den Titul, als *Comites Sacri Palatii*, vermöge dessen sie **Doctores** und **Notarios** creiren, auch Huren-Kinder legitimiren konnten, sondern sie genoßen auch viele Beneficien, wenn sie auch schon verheirathet

waren:

waren: Sie waren von aller andern Jurisdiction ausgenommen, und stunden immediate unter dem Päbstlichen Stuhl. Man mag nun aber diese Privilegien den Rittern der Gesellschaft der *Piorum*, oder den Rittern vom goldnen Sporn zueignen, so geniessen erstere, weilen sie gänzlich erloschen und unterdrückt sind, nichts mehr davon, und alles dasjenige, was die *Cavalieri* vom Sporn noch davon erhalten, sind die Titel, daß sie *Sacri Palatii Comites & Equites aurati* genennt werden, welche ihnen in ihren Receptions-Briefen ertheilet werden.

B. Kayserliche Ritter-Orden.

IV.

Von dem Constantin-Orden.

Gestiftet im Jahr Christi 313.

Die Stiftung dieses Ordens wird Constantino Magno, dem ersten Christlichen Kayser, von einigen Geschichtschreibern zugeschrieben: mit der Erzehlung der Bewegungs-Ursache zu der Errichtung desselben, welche folgende war: Constantinus Magnus solle von dem Senat zu Rom gebeten worden seyn, ihnen wider den Tyrannen Maxentium beyzustehen, welches er auch zu befolgen suchte. Als er nun wider seinen Feind zu Feld lag, wegen der grossen Macht des Tyrannen aber für einen schlechten Ausgang sehr besorget war, solle er zu Unternehmung eines Treffens, durch ein in der Luft ihme erschienenes hellglänzendes Creutz, mit den dabey stehenden Worten: *In hoc signo vinces*, ermuntert worden seyn, darauf er seinen Feind muthig angegriffen, und die Schlacht mit vielem Sieg erhalten habe.

Constantinische Orden.

Hierdurch seye der Kayser bewogen worden, den Christen nicht nur den freyen Gottesdienst zu verstatten, sondern hätte auch sich selbsten von Eusebio, als er seines Lebens Ende vermerkte, im Jahr Christi 337. taufen lassen. Nach oben beschriebenem Sieg, hätte der Kayser nicht nur in seinen Standarten und Fahnen dieses Creutz geführet, sondern auch davon einen militärischen Orden im Jahr Christi 313. errichtet.

Allein, wie es Mönche giebt, welche geglaubt haben, sich eine Ehre zu machen, wenn sie sich für sehr alt ausgäben, so finden sich auch Ritter-Orden, welche ihren Ursprung so hoch hinaus gesetzt, als sie nur immer gekonnt haben, um sich zu bemühen, durch ein eingebildetes Alterthum den Vorrang zu haben.

Dergleichen ist dieser Orden der Constantins-Ritter, welche auch die Englischen, die vergoldeten oder goldenen, und des H. Georgii genannt werden.

Der Abbt Giustiniani, welcher sich einen Ritter und Großkreutz dieses Ordens nennet, behauptet in einer zu Venedig 1692. ans Licht gestellten Geschichte der Orden, daß solcher der älteste unter den Ritter-Orden seye.

Vergebens aber ist es, wenn man den Ursprung der Ritter-Orden vor dem 12ten Seculo suchen will; und P. Papebroch sagt von diesem Orden, davon wir reden, und dessen Ursprung man Kayser Constantino dem Großen zueignen will: Diejenigen hintergiengen sich, oder wären auch mit Willen hintergangen worden, welche aus Lust zur Schmeicheley den Ursprung der Ritter-Orden vor dem 12ten Seculo suchen wollen rc.

Um das Alterthum dieses Ordens zu beweisen, bringt man Briefe vom Pabst Leo vom Jahr 456. bey, welche dem Vorgeben nach an den Kayser Marcian gerichtet seyn sollen, wodurch er diesen Orden unter der Regel St. Basilii bestättiget, und noch andere Briefe des Kaysers Leo I. vom Jahr 489. Es ist wahr, daß sich solche in den Archiven des Römischen Hofes befinden; allein, deswegen sind sie nicht weniger unterschoben, und wurden erst 1533. mit andern Urkunden und vorgegebenen Privilegien dieses Ordens diesen Archiven beygelegt. Es waren keine andere, als diejenigen, welche der Kayser Isaac Angelus Comnenus im Jahr 1190. angeordnet hatte, und sie wurden hier nur erneuert.

Dieser Kayser, welchen Giustiniani den Verbesserer dieses Ordens nennet, könnte wohl selbst der Stifter dieses Ordens gewesen seyn, und ihm den

Namen

Namen Constantins-Orden, wegen des Kaysers Constantini, gegeben haben, von welchem die Comnenen die Abkömmlinge zu seyn glauben. Er konnte ihn auch wohl von seinem eigenen Namen Angelus, den Englischen, und endlich, weil er unter dem Schutz des H. Georg gestellet, den St. Georgs-Orden genennet haben.

Und dieses dünkt uns, sey mit den besten und bewährtesten Auctoribus, wohl das vernünftigste und billigste Alterthum, welches man diesem Orden zugestehen könne. So viel von dessen Ursprung. Wir gehen aber sogleich nach unserm Vorhaben zu der Beschreibung des Ordens-Zeichens und der Kleidung.

Das Ordens-Zeichen, welches die Ritter auch auf der linken Seite des Mantels tragen, ist ein rothes mit Gold eingefaßtes Lilienförmiges Creutz, auf welchem diese 4 Buchstaben stehen: *I. H. S. V.* welche bedeuten: *In hoc signo vinces.* Der Name Christi, welcher durch die beeden in einander geflochtenen Buchstaben X und P ausgedruckt wird, steht in der Mitte, und an deren Seiten diese Buchstaben Δ und Ω

Die große Ordens-Kette, die sie über dem Mantel um den Hals tragen, bestehet aus dem Namens-Zug X und P, in 15 goldenen emaillirten Oval-

 Schilden,

Schilden, davon das mittelste, an welchem unten ein goldener St. Georg zu Pferd, wie er den Lindwurm ersticht, hänget, grösser ist, als die andern, und welches mit einem Laubwerk, so aus Eichen- und Oelblättern bestehet, umgeben ist.

Der Habit des Großmeisters, wenn er öffentlich erscheinet, oder dem Rath beywohnet, welcher aus 50 Senatoren, die eben so viel Großkreutze sind, bestehet, ist ein rothes Wammes und Hosen, nebst dergleichen Strümpfen und Schuhen, und darüber eine Weste von Silber gestickt, die bis auf die Knie gehet, und ziemlich weite Ermel hat. Diese Weste ist mit einem Gürtel von rothem Sammet, mit silbernen Stücken gefüttert, und um den Hals mit 2 von Gold und rother Seiden gewirkten Schnüren fest gemacht, die bis auf die Erde hinab hängen. Auf der linken Seite des Mantels ist das Ordens-Creutz mit Gold eingefaßt, aufgeheftet.

Die Mütze dieses Großmeisters ist nach Macedonischer Art, eine Spanne hoch, und von Carmesin-Sammet mit weissem Satin gefüttert. Sie ist an 4 Ecken mit eben dem goldgestickten Namens-Zug X und P aufgeschlagen, und mit einer schwarzen Strausfeder geschmückt. Die Großkreutze, deren an der Zahl 50 sind, haben ein blaues Wamms und Hosen, und darüber eine weisse Weste, die

bis

bis auf die Knie gehet. Ihre Strümpfe und Schuhe sind ebenfalls weiß, der Gürtel vom rothen Sammte, und der Mantel, welcher nicht so lang ist, als des Großmeisters seiner, und an der Seite das Ordens-Creutz hat, ist von blauem Damast, weiß gefüttert. Sie haben auch das Recht, die große Ordens-Kette zu tragen, und ihre mit weissen Federn gezierte Mütze ist von blauem Satine, und hat den Namens-Zug X und P mit Gold gestickt an den 4 Seiten.

Wenn die Ritter im Krieg sind, und für den Glauben fechten, so müssen sie noch ein Oberkleid, in Gestalt eines Scapuliers von weissem Zeug tragen, welches in der Mitte ein rothes Creutz hat.

Die Päbste hatten die Großmeisterschaft dieses Ordens dem Hause der Comnenen auf ewig bewilliget. Andreas Angelus Flavius Comnenus Fürst von Macedonien aber, der letzte von diesem Hause, trat im Jahr 1699. nachdem er den Orden viele Jahre lang regieret hatte, die Großmeisterschaft dem Herzog von Parma, Franz Farnese, für ihn und seine Nachkommen auf immer und ewig ab; welches der Pabst Innocentius XII. in eben dem Jahr durch ein Breve vom 29ten October bestättiget hat; und seit der Zeit hat der neue Großmeister

einige

einige Veränderungen in den Satzungen vorgenommen.

In Italien sollen noch einige Ueberbleibsel dieses Ordens anzutreffen seyn: allein in Deutschland wird er sehr wenig ästimirt.

Hievon ist in P. Hyppolt Helyots ausführlicher Geschichte aller geistlichen und weltlichen Kloster- und Ritter-Orden; wie auch in des *P. Honorii de Sta Maria Ord. Carmel. Discalceat. Dissertation historique & critique sur la Chevalerie ancienne & moderne &c.* das mehrere beliebig nachzusehen.

Rußisch Kays. Orden.

V.
Von dem Orden des Heiligen Andreä in Rußland.

Gestiftet im Jahr Christi 1698.

Se. Szaarische Majestät, Peter Alexiewitz, stifteten diesen Orden im Jahr 1698. um die Verdienste derjenigen zu belohnen, welche im Türken-Krieg ihre Tapferkeit vor andern hatten sehen lassen.

Das Ordens-Zeichen ist ein goldener mit schwarz emaillirter zweyköpfigter Adler, mit goldenen Schnäbeln und Klauen, und ausgebreiteten Flügeln, welcher auf jedem Kopf eine Kayserliche Crone träget; auf dem Adler liegt ein goldenes und dunkelblau emaillirtes Andreas- oder Burgundisches Creutz mit einer goldenen schmalen Einfassung, auf welchem der Heil. Andreas angenagelt erhoben, mit natürlichen Farben emaillirt, um den Leib mit einer goldenen Binde zu sehen ist. Auf den 4 Enden des Creutzes stehen die 4 goldene Buchstaben *S. A. P. R.* welche so viel heissen, als: *Sanctus Andreas Patronus Russiæ*, und die Ordens-Devise ist. Das ganze

Ordens-

Ordens-Zeichen wird von einer grossen Kayserlichen Crone bedecket, wodurch oben die Ringe gehen, mit welchen dasselbe an der Kette oder Ordens-Band befestiget wird. Gemeiniglich wird das Ordens-Zeichen von den Rittern an einem breiten himmelblau gewässerten Band von der rechten Schulter nach der linken Hüft hangend, getragen; bey Solennitäten aber müssen die Ritter dasselbe auf der Brust an der Ordens-Kette tragen. Diese Kette bestehet aus dreyerley besondern Gliedern, welche wechselsweise und durch goldene Ringe aneinander gefügt, und miteinander verbunden sind. Das erste Glied ist ein goldener schwarz emaillirter zweyköpfigter Adler mit ausgebreiteten Flügeln, welcher auf jedem Kopf (wie der Adler im Ordens-Zeichen) mit einer Kayserlichen Crone gezieret ist, zwischen welchen beyden die dritte noch etwas grössere ruhet: auf der Brust des Adlers präsentirt sich ein roth emaillirtes goldenes Schild, auf welchem der Ritter St. Georg zu Pferd mit dem Lindwurm von Gold zu sehen ist. Das zweyte Glied präsentiret ein goldenes dunkelblau emaillirtes Wappenschild mit einem schmalen goldenen Rand, auf welchem ein A, welches den Namen der vorigen Kayserin Anna Iwanowna anzeiget, als welche den Orden renovirt, und die Kette desselben verbessert hat. Oben über dem Schild ist eine Kayserliche Crone, zu beyden

Seiten

Seiten sind allerley Armaturen, als Fahnen mit weiß, roth und grün emaillirt, unten sind Canonen, Paucken und Trommeln zu sehen. Das dritte Glied stellet ein goldenes dunkelblau emaillirt Andreas-Creutz vor, mit einer schmalen goldnen Einfassung, in dessen 4 Enden die 4 Buchstaben *S. A. P. R.* mit Gold zu lesen. Zwischen den Ecken gehen Strahlen heraus, welche einen Circul formiren, und wechselsweise mit Gold emaillirt sind. Ueber dieß tragen die Ritter noch auf der linken Brust und Mantel einen achtspitzigen, mit Strahlen gestickten silbernen Stern, dessen 4 Eckspitzen grösser sind, als die 4 Seitenspitzen, in dessen Mitte eine goldene Circul-Fläche, und auf derselben ein mit Silber erhoben gesticktes und mit Blau schattirtes Andreas-Creutz zu sehen: aussen herum ist noch ein erhobener Circul von bleumouranten Atlas, auf welchem über dem Creutz 2 von Gold gestickte Engel, die eine goldene Crone halten; unten herum ist eine mit Gold gestickte Rußische Schrift zu lesen. Das Ordens-Kleid ist himmelblau, der Mantel roth mit Gold gestickt. Nach der Zeit ist dieser Orden andern hohen Personen und Auswärtigen auch conferiret worden, und ist jetzo unter den Rußischen Orden der allervornehmste und ansehnlichste.

VI. Von

VI.
Von dem Orden des Heil. Alexandri Nefsky in Rußland.

Gestiftet im Jahr Christi 1725.

Dieser Orden, welcher gemeiniglich auch *le Cordon rouge de Saint Alexandre* genannt wird, ist im Jahr 1725. von Ihro Maj. der Czaarin Catharina gestiftet, und Fürst Menzikof zum ersten damit begnadigt worden.

Das Ordens-Zeichen ist ein goldenes achtspitziges roth emaillirtes Creutz, in dessen Mitte das Bildniß des Heil Alexander Nefsky zu sehen, welcher in ganz goldenem Küraß zu Pferd sitzet; auf den 4 ausgehenden Enden des Creutzes ist mit goldenen Buchstaben, jedoch in Rußischer Sprache, die Ordens-Devise zu lesen: *Pro Labore & Patria.* In den 4 Winkeln des Creutzes sind 4 goldene zweyköpfigte Adler mit ausgebreiteten Flügeln zu sehen, welche auf den Köpfen Kayserliche Cronen führen.

VI. *pag. 32.*

Kays. Russische Orden.

Dieses Ordens-Zeichen wird an einem breiten Ponceau-farbenen gewässerten Band über der linken Achsel nach der rechten Hüfte zu hängend getragen.

Ueber dem führen die Ritter noch auf der linken Brust einen achtspitzigen mit silbernen Strahlen gestickten Stern, dessen 4 Mittelspitzen etwas länger sind, als die Eckspitzen; in der Mitte dieses Sterns ist eine silberne Circul-Fläche, auf welcher die zwey durcheinander geschlungene Buchstaben *S. A.* (welche den Patron Sanctus Alexander anzeigen) mit Gold gestickt zu sehen; oben darüber ruhet ein rother gestickter Herzoglicher Hut, mit silbernem Aufschlag und schwarzen Flocken auf Hermelin-Art besetzt. Umher ist ein Ponceau-farbener erhobener Circul, worauf eine mit Gold gestickte Russische Schrift zu lesen, und unten sind 2 Creutzweis gelegte grüne Lorber-Zweige. Es ist dieser Orden zwar etwas geringer als der Andreas-Orden, nichts desto weniger kann solchen niemand überkommen, der nicht wenigstens den Rang eines General-Majors hat; es wird auch niemanden der Orden des H. Andreä conferirt, der nicht schon einige Zeit vorher diesen Orden vom rothen Band getragen.

C. Königliche Ritter-Orden.

VII.
Von dem
Heiligen Geist-Orden
in Frankreich.
Gestiftet im Jahr Christi 1578.

Dieser Orden ist von König Henrico III. 1578. am ersten Pfingsttage gestiftet worden, weilen ihm dieser Tag sonderlich glücklich gewesen, indem er an demselben im Jahr 1573. zum König von Pohlen erwählet worden, und das folgende Jahr an eben demselben Tage, seinem Bruder Carl IX. als König von Frankreich succedirte.

Er war selber Großmeister dieses Ordens, und setzte fest, daß das Großmeisterthum bey der Crone beständig bleiben sollte. Es gerieth dieser Orden ziemlich in das Abnehmen, deswegen ihn auch König Henricus IV. als zweyter Großmeister dieses Ordens 1590. wieder erneuert, und das Ordens-Zeichen verbessert hatte. In Frankreich führet dieser Orden schlechterdings die Benennung: *le Cordon bleu*. Das Ordens-Fest ist der letzte Tag des Monats Decembris, an welchem sich der König und die

Kön. Franz. Orden.

die Ritter Nachmittags um 2 Uhr in der Augustiner Kirche zu Paris versammeln.

Das Ordens-Zeichen war vormals eine goldene Kette, welche wechselsweise aus roth emaillirten flammenden Lilien, und aus weis emaillirten Namens-Zügen bestunde. Anjetzo aber ist solches ein achtspitziges goldenes roth emaillirtes Creutz mit einer erhobenen weiß emaillirten Einfassung, auf welchem eine weiß emaillirte Taube mit herunter hangendem rothem Schnabel in erhobener Arbeit zu sehen ist. In den 4 Winkeln des Creutzes sind 4 goldene Lilien zu sehen, und auf denen Spitzen des Creutzes sind 8 Diamanten gesetzt. Dieses Creutz tragen die Ritter an einem breiten himmelblau gewässerten Bande über der rechten Achsel nach der linken Hüfte zu hängend: bey Solennitäten aber müssen sie solches an der großen Ordens-Kette auf der Brust hängend tragen.

Diese Kette bestehet wechselsweise aus dreyerley Gliedern. Das erste stellet in der Mitte einen goldenen Helm vor mit einem weissen Federbusch, welcher mit roth und weissen, blau und weissen Fahnen und andern Armaturen umgeben ist. Das zweyte Glied ist eine goldene in 8 Enden ausgehende Flamme, in dessen Mitte sich eine roth emaillirte Lilie zeiget. Das dritte bestehet aus dem goldenen Buchstaben H, welcher des Stifters Henrici Namen andeutet, und deswegen mit einer Königlichen Crone bedecket, und mit Feuerflammen umgeben ist.

Diese Glieder sind unter sich mit kleinen goldenen Ketten verbunden, und machen die Ordens-Kette in folgender Ordnung aus; daß erst die Armaturen, denn eine rothe Lilie, darauf des Stifters Name, denn wieder eine Lilie, auf welche die Armaturen wieder folgen, gesetzt werde. Ueber dies führen die Ritter noch auf der linken Brust ein mit Silber gesticktes, in 8 Spitzen ausgehendes Creutz, mit silbernen Knöpfen auf den Spitzen. Auf dem Creutz ist eine silberne erhabene gestickte Taube, wie im Ordens-Zeichen selbsten, nebst 4 silbernen Lilien in den Winkeln des Creutzes zu sehen.

Bey vorfallenden Solennitäten, tragen die Ritter ausser dem Unterkleid, welches nebst den Beinkleidern weiß ist, noch einen langen schwarz sammtnen Mantel mit Orangefarbenen Atlas gefüttert, welcher überall mit goldenen Flammen gestickt, und mit einer Einfassung von goldenen Lilien und silbernen Zweifels-Knoten umgeben ist: Ueber dieß führen sie noch einen ganz kurzen Mantel von grünem Drap d'argent, welcher überall mit silbergestickten Tauben besetzt, und gleichfalls mit orangefarbenem Atlas gefüttert ist. Die **Ordens-Devise** ist: *Benoick St. Esprit.*

Königl. Franz. Orden.

VIII.
Von dem Orden
U. L. Frau vom Berg Carmel
und
St. Lazarus von Jerusalem
in Frankreich.

Gestiftet im Jahr Christi 1607.

Um ein Merkmahl von seiner Frömmigkeit und Andacht gegen die Heil. Jungfrau Maria zu geben, stiftete Heinrich IV. König in Frankreich diesen Orden U. L. F. vom Berg Carmel. Er schrieb an seinen Gesandten nach Rom, um von dem Pabst Paulo V. die Errichtung dieses Ordens und seine Bestättigung durch Apostolische Gewalt zu erhalten; welches ihme denn auch der Pabst durch eine Bulle vom 16ten des Hornungs im Jahr 1607. bewilligte, wodurch er diesem Herrn Macht gab, den Großmeister dieses Ordens zu ernennen, welcher so viel Ritter machen könnte, als es ihm gut dünken würde. Er erlaubte diesen Rittern, unter andern ihnen ertheilten Freyheiten, sich zu verheyrathen, und nach dem Tod ihrer ersten Gemahlinnen zur zweyten Vermählung zu schreiten, auch so gar eine Wittwe zu heyrathen ꝛc.

Da der König im Heumonate des 1608. Jahres diesen neuen Orden U. L. Frauen vom Berg Carmel mit Einkünften versehen wollte: so hob er durch seine offene Briefe das Amt eines Grosmeisters des Ordens des Heil. Lazarus auf, und schlug alle Comthureyen, Prioreyen und Pfründen, welche diesem Orden zugehörten, und von dessen Großmeister konnten vergeben werden, zu dem Orden U. L. Frauen vom Berg Carmel.

Es war also nicht der neue Orden, welcher mit dem Lazarus-Orden vereiniget ward; sondern der Orden des Heil Lazarus wurde mit dem Orden U. L. Frauen vom Berg Carmel vereiniget.

Zu diesem Ende gab der König die Würde eines Großmeisters dieser vereinigten Orden, Philiberten von Nerestang, seinem Kammerherrn, welcher vor dem Großmeister vom Orden des Heil. Lazarus gewesen war Dieser legte in die Hände Sr. Majestät den Eid ab. Seine Bestellungs-Briefe gaben ihm den Titel eines Großmeisters von dem Orden U. L. Frauen vom Berg Carmel und des Heil Lazarus von Jerusalem. Und in dieser Qualität wurden die ihm folgende Großmeister erkannt und confirmirt. Carl Achilles von Nerestang, wurde im Jahr 1645. von dem König Ludwig XIV. ebenfalls damit versehen, und durch eine

eine Bulle des Pabsts Innocentii X. in dieser Würde bestättiget, und seit der Zeit nahmen die Großmeister und Ritter den Namen der Ritter U. L. Frauen vom Berg Carmel und des Heil. Johannis von Jerusalem an.

Das Ordens-Zeichen ist ein goldenes achtspitziges auf einer Seite von Amaranthen-Farb emaillirtes Creutz, in dessen Mitte auf einer goldenen Platte die Heil. Jungfrau Maria zu sehen ist: auf der andern Seite, welche grün emaillirt, ist solches mit dem Bildniß des Heil. Lazarus in der Mitten gezieret. Jede Spitze hat ein goldenes Knöpfgen, und zwischen einem jeden Winkel des Creutzes sind 4 goldene Lilien. Dieses wird von den Rittern an einem amaranthfärbigten Band von der rechten Schulter nach der linken Hüfte zu hängend, getragen. Die dienenden Brüder aber tragen solches an einer Kette ohne Band.

Bis zu der Zeit der Großmeisterschaft des Marquis von Dangeau, welcher von dem Könige Ludwig XIV. zu dieser Würde 1695. ernannt wurde, hatten die Ritter keine besondere Ordens-Kleidung. Dieser verordnete und unterschied solche nach dem Rang der Ritter.

Des Großmeisters seine besteht in einer Dalmatica von silbernem Stücke, über welche er einen

 langen

langen Mantel von Amaranthfarbigtem Sammte trägt, welcher mit goldenen Lilien, Namens-Zügen und Sieges-Zeichen, die ebenfalls mit Gold und Silber gestickt sind, besäet ist. Die Namens Züge stellen den Namen Maria mitten zwischen 2 Cronen vor.

Die Kleidung der Ritter bestehet aus einer Dalmatica von weissem Satine, auf welcher sich ein Creutz von der Höhe und Breite der Dalmatica befindet, das grün und braun getheilet ist; und darüber haben sie einen langen Mantel von Amaranth-farbigtem Sammte, auf dessen linker Seite ein castanienbraunes Creutz gestickt ist, in dessen Mitte das Bildniß der Heil. Jungfrau steht. Sie tragen insgesammt ein Baret von schwarzem Sammte, mit schwarzen Federn, und einem kleinen weissen Reigerbusch.

Ob man gleich die Wappen der meisten von diesen Rittern mit einer Ordens-Kette umgeben siehet: so tragen sie dergleichen bey Ceremonien doch nicht; indeme diese Ordens-Kette von dem König noch nicht gebilligt worden. Sie ist von Gold, und besteht aus Namens-Zügen, welche den Namen der Heil Jungfrau, durch die beyden ineinander geflochtenen Buchstaben *M A*, andeuten.

Die

Die Ritter versammlen sich gemeiniglich bey den Carmelitern *aux Bilettes*: Das Ordens-Fest aber begehen sie in der Kirche zu *St. Germain des Prez*, woselbsten sie sich insgesammt im Ceremonien-Kleide einfinden.

Die Ritter, sowohl geistliche als weltliche Personen zahlen für ihren Eintritt in den Orden 1000 Livres, und die Caplane und dienende Brüder 500.

IX.

Von dem Orden des Heiligen Ludwigs in Frankreich.

Gestiftet im Jahr Christi 1693.

Heinrich III. König in Frankreich, suchte schon die Tapferkeit und Verdienste seiner Officiers und Soldaten zu belohnen: weßwegen er nicht nur einen Orden von der Christlichen Liebe gestiftet, sondern auch ein Spital zur Unterhaltung alter und presthafter Soldaten erbauen ließ. Diejenigen, welche in diesen Orden aufgenommen wurden, trugen auf ihrem Mantel ein ankerförmiges von weissem Satin gesticktes Creutz, mit einer blauseidenen Einfassung, in dessen Mitte eine Raute von blauem Taffet, in welchem eine goldene Lilie gestickt zu sehen war; um das Creutz giengen die Worte: *Pour avoir bien servi.*

Allein weder dieser Prinz, noch Heinrich der IV. wie nicht weniger Ludwig XIII. konnten dieses Vorhaben zu seiner Vollkommenheit bringen, obwohlen letzterer, laut eines 1633. publicirten Patens,

Königl. Franz. Orden.

tens, eine Gesellschaft von Rittern, unter dem Namen einer Commenthurey von St. Louis errichten wollte Es schien für Ludwig XIV vorbehalten gewesen zu seyn, dieses wichtige Vorhaben auszuführen: indeme selbiger nicht nur für die presthafte Soldaten und Officiers ein prächtiges Spital, welches das Invaliden-Haus genennet wird, erbauen ließ, sondern auch die Treue und Tapferkeit seiner Officiers mit einem äusserlichen Ehren-Zeichen begnadigte. Zu welchem Ende er dann diesen militarischen Orden, unter dem Namen des Heil. Ludwigs im Jahr 1693. aufrichtete, und mit ansehnlichen Einkünften versah.

Das Ordens-Zeichen ist ein achtspitziges goldenes weiß emaillirtes Creutz, in der Mitte desselben ein rundes roth emaillirtes Schild ist, worauf auf einer Seite das Bildniß des Heil. Ludwigs in goldenem Harnisch und königlichem Mantel zu sehen, welcher in der rechten Hand einen Lorbeer-Kranz, in der linken aber eine Dornen-Crone hält. Umher ist ein blauer Circul, worauf mit goldenen Buchstaben die Schrift stehet: *Ludovicus Magnus instituit* 1693. Auf der andern Seite ist auf dem rothen Mittel-Schild ein gold-flammendes Schwerdt, mit einem grünen Lorbeer-Kranz, so mit einem weissen Band gebunden, zu sehen, mit der in einem blauen

Circul

Circul stehenden Beyschrift: *Bellicæ virtutis precium.* In den Winkeln des Creutzes sind 4 goldene Lilien zu sehen.

Dies Creutz tragen die Ritter an einem feuerfarbenen, 2 Finger breiten Band auf der Brust hängend. Ueber dem tragen die sogenannten Grands Croix noch auf der linken Brust und Mantel ein silbern gesticktes Creutz mit goldenen Lilien in den Winkeln: in der Mitte ist es eben gestickt, wie das Ordens-Zeichen emaillirt ist, welches letztere von ihnen nicht auf der Brust, sondern an einem breiten rothen Band, von der linken Schulter nach der rechten Hüfte zu abhängend, getragen wird. Die Commenthurer tragen es gleichfalls an einem solchen Band, aber keinen Stern auf der Brust.

Der König in Frankreich ist allezeit Großmeister dieses Ordens; dann bestehet selbiger aus 8 Grands-Croix und 24 Commenthurern. Die Anzahl der Ritter aber ist nicht bestimmt, indem es bey dem Könige stehet, selbige zu vermehren. Niemand kann diesen Orden überkommen, als der sich im Krieg sonderlich wohl gehalten, und dem König wenigstens 10 Jahre gedienet hat.

X. Von

X. pag. 45.

Königs Franz. Orden.

X.

Von dem Orden des Heiligen Michaels, in Frankreich.

Gestiftet im Jahr Christi 1469.

Im Jahr 1469. stiftete Ludwig XI. nach der Willens-Verordnung seines Vaters, Carl VII. im 9ten Jahr seiner Regierung diesen Orden zu Amboise. Allein, es kam hernach derselbe sehr ins Abnehmen, bis er mit dem von Heinrich III. im Jahr 1574. errichteten Heil. Geist-Orden vereiniget worden; zwar nur in so weit, daß alle Ritter des Heil. Geist-Ordens, auch zugleich Ritter des St. Michaels-Orden seyn sollten; deswegen sie auch um ihre Stamm-Wappen beyde Ordens-Ketten hängend führen dörfen, und *Chevaliers des Ordres du Roi* genannt werden.

Das Ordens-Zeichen ist ein goldenes achtspitziges unemaillirtes Creutz mit einem weissen Rande, in dessen Mitte ein rothes weiß emaillirtes Schild, worauf der Erzengel Michael mit dem Drachen zu sehen,

sehen, welcher in einer Hand ein Schwerdt, in der andern die Kette hält, mit der Umschrift: *Immensi tremor Oceani.* Auf den Spitzen des Creutzes sind 8 goldene Knöpfe, und in den 4 Winkeln des Creutzes, sind 4 goldene Lilien zu sehen.

Dieses Creutz wird von den Rittern an einem handbreiten rothen Band über der rechten Achsel auf der linken Hüfte hängend getragen. Bey Solennitäten aber tragen sie solches an einer gewundenen goldenen Kette, welche mit Muscheln besetzt ist. Ueberdem tragen die Ritter auf der linken Brust ein mit Gold gesticktes viereckigtes Creutz mit stumpfen Ecken, in dessen obersten und untersten Ende der Buchstabe P zur rechten, zur linken aber der Buchstabe F mit Gold gestickt ist. In der Mitte ist ein goldenes Mittelschild, worauf der Engel Michael mit dem Drachen, wie im Ordens-Zeichen, gestickt zu sehen, in der linken Hand einen blauen Schild mit den goldenen Buchstaben L. R. in der rechten ein Schwerdt haltend. In den Winkeln des Creutzes sind goldene Donner-Keule zu sehen.

Heinrich II. als er zur Regierung kam, verordnete derselbe bey der ersten Stifts-Versammlung dieses Ordens, welche er im Jahr 1548. zu Lion hielte, daß die Ritter dieses Ordens hinkünftig über dem schwarzen Kleid einen Mantel von Leinwand

Silber durchgewirket tragen sollten, welcher an beyden Seiten und unten herum mit des Königs Devise gestickt seyn sollte, nemlich mit 3 Monden von Silber, mit dazwischen geflochtenen Ehren-oder Sieges-Zeichen, und zerstreut gestickten Zungen und Feuerflammen. Die Mütze, welche eben dergleichen Stickwerk bekleidet, sollte von Cramoisin-Sammte seyn. Der Mantel des Canzlers aber sollte von weissem Sammte, und die Mütze von Cramoisin-Sammte seyn. Der Ceremonienmeister, Schatzmeister, Registrator und Herold, tragen einen Mantel von weisser Seide, und eben dergleichen Mütze.

Die Ritter dieses Ordens können auch Protestantischer Religion seyn, und werden mit demselben auch Gelehrte und große Künstler beehret.

XI.

Von dem St. Jacobs-Orden in Spanien.

Gestiftet im Jahr Christi 1175.

Dieser Ritter-Orden soll nach einiger Meinung von Ramiro, ersten Könige in Gallicien, im Jahr Christi 846. gestiftet worden seyn: nachdem selbiger einen herrlichen Sieg über die Mauren bey Logronon erhalten, bey welchem über 70000 auf der Wahlstatt geblieben; weil man den glücklichen Erfolg dem Beystand des Heil. Apostels Jacobs zueignete, den man in dem Treffen fechten gesehen, wo er in einer Hand eine weisse Fahne gehabt, auf welcher ein rothes Schwerdt in Gestalt eines Creutzes gewesen.

Dieses machte, daß dieser Herr für die Edelleute, welche in dieser Schlacht gefochten, eine Bruderschaft unter dem Titul des Heil. Jacobs stiftete, welcher er ein rothes Schwerdt im goldenen Feld, mit dieser Umschrift: *Rubet ensis sanguine Arabum,* (roth ist das Schwerdt vom Blute der Araber) zum Wappen gab. Sie setzen hinzu, diese Bruderschaft sey nach der Zeit von den Päbsten zu einem Ritter-

Orden

Königl. Spanische Orden.

Orden gemacht worden. Man darf aber, um diese Meinung zu zernichten, nur auf das Wappen acht haben, welches man diesem Orden gleich im Anfang seiner Errichtung giebt, wodurch dessen Falschheit klärlich bemerket wird. Denn die Wappen waren erst nach dem zehnten oder eilften Jahrhunderte im Gebrauche.

Andere, welches auch glaublicher, setzen seinen Ursprung um das Jahr 1170. unter der Regierung Ferdinands II. Königs in Gallicien und Leon an.

Die Gelegenheit dazu gaben die Streifereyen der Mauren, welche die Andacht der Pilgrimme stöhreten, die nach Compostell giengen, das Grab des Heil. Jacobs zu besuchen.

Die regulirten Chorherren St. Augustini, von St. Eligius, welche ein Kloster in dem Königreiche Gallicien hatten, baueten von ihren ansehnlichen Einkünften 2 Hospitäler auf dem Wege, den man insgemein den Französischen Weg nannte, um die Pilgrimme darinne zu beherbergen.

Nicht lange darnach nahmen 13 Edelleute, nach ihrem Beyspiele, eben diesen Apostel zu ihrem Beschützer an, und verbanden sich durch ein Gelübde, die Wege wider die Streifereyen der Ungläubigen zu verwahren und zu sichern.

Sie eröfneten ihren Vorsatz diesen Chorherren zu St. Eligius, und thaten ihnen den Vorschlag, zusammen zu tretten, die Einkünfte des Klosters, und das, was sie hatten, und in Zukunft vermittelst derjenigen, die sich zu ihnen gesellen wollten, erhalten würden, in Gemeinschaft zu geben. Weil diese Ritter bereits über 20 Schlösser besassen; so machten die Chorherren keine Schwürigkeit, diese Vereinigung einzugehen, und wurden mit der Zeit diesen Rittern untergeben, deren Capläne sie nun sind.

Diese Vereinigung geschah im Jahr 1170. und 1175. wurde dieser neue Orden vom Pabst Alexander III. unter seinem ersten Großmeister Dom Ferdinand von Fuentes Encalada, bestättiget.

Das Ordens-Zeichen ist ein goldenes schwarzförmiges roth emaillirtes Creutz, welches die Ritter an einem rothen Band auf der Brust tragen: und das Ceremonien-Kleid bestehet in einem langen weissen Mantel mit einem dergleichen rothen Creutz.

Dieser Pabst Alexander machte den Rittern dieses Ordens einige Verordnungen, und erlaubte ihnen unter andern, sich zu verheyrathen. Er richtete die Würden dieses Ordens ein, worunter die Beträchtlichste nach des Großmeisters seiner, die

Würde der Dreyzehner ist, in ihrer Sprache *los Trezes* genannt, welche vor allen andern Comthuren den Vortritt haben. Die zweyte Würde ist des Groß-Priors seine, welche mit den Chorherren verbunden ist, und die dritte ist die Würde eines Groß-Comthurs.

Ehe die Großmeisterschaft auf immer mit der Crone Spanien vereiniget wurde, (welches in dem Jahr 1523. vom Pabst Adrian VI. geschehen ist) so erwählten die Ritter ihren Großmeister, und konnten ihn absetzen.

Kayser Carl V. als König in Spanien, setzte auch einen Rath, den er den Ordens-Rath nannte, und welcher jetzo gleichsam der General Superior nicht allein von dem Orden des Heil. Jacobs, sondern auch von dem Orden von Calatrava und Alcantara ist. Dieser sollte aus einem Präsidenten und 6 Rittern, 2 von einem jeden Orden, bestehen, welche aber eben die Macht und Gewalt haben, die der König über diese Orden als beständiger Administrator, sowohl in dem was die weltliche, als was die kirchliche Gerichtsbarkeit betrift, wenn sie nur nicht bloß geistlich ist, haben kann.

Die Macht dieses Tribunals erstreckte sich über 2 Städte, 220 Flecken, und 75 Dorfschaften,

 worun-

worunter 2 Städte und 178 sowohl Flecken, als Dörfer sind, die dem Orden des Heil. Jacobs zugehören: und ist dieser Orden wohl einer der reicheſten, indem er 84 Comthureyen hat, worunter 3 grosse sind, als die Groß-Comthurey von Castilien, von Leon, und Montaluan in Arragonien. Diese 84 Comthureyen haben 230000 Ducaten Einkünfte, ausser 200 Prioreyen, Pfarren und andern blossen Pfründen. Ferner wird dieser Orden in 4 Provinzen eingetheilet, als Castilien, Leon, Alt-Castilien und Arragonien.

Die Ritter thun jetzo nur das Gelübde der Armuth, des Gehorsams, und der ehelichen Keuschheit, zu welchem sie noch das vierte hinzu setzen, die unbefleckte Empfängniß der Heil. Jungfrau Maria zu vertheidigen.

Wenn man zu einem Ritter dieses Ordens aufgenommen werden will; so muß man seinen Adel durch 4 Geschlechte, sowohl von vätterlicher als mütterlicher Seite beweisen: und obgleich vorzeiten der Adel von mütterlicher Seite nicht erfordert ward, so ist er dennoch jetzo nöthig, nachdem es im Jahr 1653. in dem General-Capitel verordnet worden.

Die Novizen sind verbunden 6 Monat lang auf den Galeeren zu dienen, und einen Monat lang

in

in einem Kloster zu bleiben, um daselbst die Regel zu lernen.

Die Anzahl der Ritter belauft sich ungefehr auf 600 und haben die Freyheit bey dem Capitel vor dem König sich mit bedecktem Haupt zu setzen. Wenn ein Ritter dieses Ordens stirbt, so ist der Comthur von der nächsten Comthurey an der Wohnung des Ritters gehalten, ausser den ordentlichen Gebethen einen Armen 40 Tage lang zu ernähren.

Es wird dieser Orden auch vornehmen Frauenspersonen conferiret, welche sich aber nicht verheyrathen dörfen.

XII.
Von dem Orden des Blauen Hosenbands, in Engeland.

Gestiftet im Jahr Christi 1350.

Dieser Orden, welcher ohne allen Zweifel für einen der vornehmsten in der Welt zu halten, ist im Jahr 1350. von dem Könige Eduardo III. gestiftet worden.

Das Ordens-Zeichen ist ein rundes goldenes Schild, worauf der Ritter George in goldenem Harnisch zu Pferd, eine goldene Lanze in der Hand haltend, und mit dem Lindwurm zu seinen Füssen zu sehen; auswendig herum gehet ein blau emaillirter Circul mit einem schmalen goldenen Rande und einer goldenen Schnalle, worauf die Ordens-Devise: *Honi soit, qui mal y pense*, mit goldenen Buchstaben zu lesen ist.

Dies Ordens-Zeichen tragen die Ritter an einem blau gewässerten Band über der linken Schulter nach der rechten Hüfte zu hängend. Bey Solennitäten

XII. pag. 54.

Kön. Engl. Orden.

lennitäten aber müssen sie dasselbe an der Ordens-Kette um den Hals auf der Brust hängend tragen. Diese Kette soll allezeit von Gold seyn, und muß 32 Unzen, und nicht mehr wiegen. Sie bestehet aus zweyerley Gliedern: das erste ist eine roth emaillirte Rose, um welche ein blau emaillirtes Hosenband geschlungen, worauf mit goldenen Buchstaben die Ordens-Devise zu lesen. Das zweyte ist von diesem weiter nicht unterschieden, als daß nur die in der Mitte stehende Rose weiß emaillirt ist, zwischen jedem von diesen Gliedern befindet sich ein goldener Zweifels-Knoten, wodurch die Glieder aneinander verbunden, und an der Mitte desselben der Heil. George auf einem weissen Pferd sitzend, und den Lindwurm mit einer Lanze tödtend, herab hänget. Dieses Bild ist auch mit Diamanten und andern kostbaren Steinen besetzt.

Den Habit belangend, so bestehet selbiger in einem weissen Unterkleid und weissen Strümpfen, welche bis auf die Mitte der Schenkel herauf gehen, und in einer Jarretiere oder Knieband, als von welchem der Orden seinen Namen führet. Es ist von himmelblauer Farbe, mit Gold bordirt, und in der Mitte desselben die Ordens-Devise von Gold gestickt. Die Ritter sind verbunden, es täglich um das linke Knie zu tragen. Ferner, ein

Oberkleid von Cramoisin, mit weisser Seide oder Stoff gefüttert, welches bis an die Waden gehet, und über demselben ein Wehrgehänge, welches auch von Cramoisin-Farbe ist. Ueber dies tragen sie noch einen weiten und grossen Mantel von himmelblauem Sammet, welcher um den Hals mit 2 grossen von weisser Seide und Gold gestickten Rundschnüren befestiget ist. Diese Schnüren sind wegen ihrer Länge, um der Bequemlichkeit willen, in der Mitte als ein Knoten zusammen gebunden. Hinten an dem Mantel haben sie eine Capuze von Cramoisin, welche ihnen über den Rücken hängt. Auf der linken Seite dieses Mantels und Oberkleides haben die Ritter noch einen achtspitzigen mit Strahlen gestickten silbernen Stern, dessen Mittelspitzen länger sind als die Eckspitzen. In der Mitte dieses Sterns ist ein rundes viereckigtes Creutz mit stumpfen Ecken auf Silber gestickt, aus dessen Ecken Silber-Strahlen hervor gehen. Umher ist ein blaues geschlungenes Hosenband mit der Ordens-Devise von Gold gestickt zu lesen. Auf dem Haupte tragen sie einen etwas hohen Hut von schwarzem Sammte, welcher mit einer Schnur von kostbaren Steinen, wie auch mit einer weissen und schwarzen Feder darauf, gezieret ist.

Endlich ist noch zu merken, daß der König als Großmeister dieses Ordens noch über dieß alles über

seinem

seinem Oberkleid ein langes rothes Band, welches ihm von der rechten Schulter nach der linken Hüfte zu hängt, träget.

Dieser berühmte Orden hat seine eigene Officianten, als den Prälaten des Hosenbandes, (welches allezeit der Bischof von Winchester ist) den Canzler, (welches der Bischof von Salisbury ist) einen Registratoren, einen Wappen-König, welcher Gorter genannt wird, und welcher die Aufsicht über die Ceremonien bey den Solennitäten der Ritter und ihren Installationen hat.

Das Capitul wird alle Jahre am Tage des H. Georgii, welches der 23te April ist, und zwar auf dem Schlosse und in der Capelle zu Windsor, so von dem König Eduardo zu diesem Ende erbauet worden, gehalten, und die Ernennung der Ritter kommt allein dem Könige zu.

XIII.
Von dem
Orden des Bades
in Engeland.
Gestiftet im Jahr Christi 1725.

König Heinrich IV. stiftete diesen Orden im Jahr 1399. er ist aber gleich andern bald in das Abnehmen gerathen, weßhalben ihn König Georgius I. im Jahr 1725. wieder erneuert, 36 Ritter davon creiret, auch dieselben in der Abtey Westmünster mit grossen Solennitäten installiret, und den Herzog von **Montague** zum Großmeister davon ernennet hat.

Das Ordens-Zeichen ist ein goldenes blau emaillirtes Schild, worauf 3 mit einem Bande zusammen verbundene goldene Kayser-Cronen zu sehen, nebst der auf einem rothen Circul mit goldenen Buchstaben umherstehenden **Ordens-Devise**: *Tria juncta in uno.*

Dieses Ordens-Zeichen tragen die Ritter an einem handbreiten rothen gewässerten Bande, von der rechten Schulter nach der linken Hüfte zu abhängend. Ueberdem tragen die Ritter auf der linken Brust einen achtspitzigen, mit Strahlen gestickten silbernen Stern, dessen 4 Mittelspitzen länger

sind,

Könige Englische Orden.

sind, als die Eckspitzen. In der Mitte des Sterns sind in einem blauen Felde die drey oben berührte goldene Kayserliche Cronen, und in einem rothen Circul, umher stehende erwehnte Devise.

Das Ordens-Kleid ist cramoisinroth, mit weiß gefüttert und ausgeschlagen.

Bey Solennitäten tragen die Ritter noch einen Ponceau-rothen Mantel, welcher weiß gefüttert ist, und mit 2 goldenen Rundschnüren oben zusammen geknüpfet wird: auf welchem das Ordens-Zeichen auf der linken Seite gestickt ist. Die Beinkleider, Strümpfe und Schuhe sind weiß, die Sporn von Gold, und dann aus einem etwas hohen Hut, mit einer weissen Plume.

Der gelehrte Redius giebt eine hinlängliche und weitläuftige Beschreibung von diesem Orden, in Ansehung dessen Alterthums, als auch der Ceremonien, welche vor und bey der Installation der Ritter beobachtet worden. Schoonebeck, und andere mit ihme, wollen aus angezogenen Urkunden den Ursprung dieses Ordens nicht von Heinrich IV. herleiten, sondern setzen denselben in ältere Zeiten hinaus, und behaupten, daß sowohl in Frankreich, als Italien, von alten Zeiten her schon Ritter vom Bad ernennet worden seyen.

XIV.

Von dem

Distel-Orden in Schottland.

Gestiftet im Jahr Christi 1542.

Dieser Orden ist vom Könige Jacobo V. in Schottland im Jahr 1542. gestiftet worden: und ob derselbe gleich nachhero fast gänzlich verloschen, so ist er doch wieder erneuert worden; wie dann Se. Königl. Maj. Georg II. in Engeland in dem Jahr 1742. Dero Gesandten an dem Preussischen Hofe, Lord Hindfort, damit begnadiget haben.

Das Ordens-Zeichen ist ein goldenes rundes Schild, auf welchem der Heil. Andreas in blauer Kleidung, ein weisses Burgundisches Creutz vor sich haltend, emaillirt zu sehen ist.

Dieses wird von den Rittern an einem handbreiten dunkelgrün gewässerten Band über der linken Schulter nach der rechten Hüfte zu abhängend getragen. Ueberdem führen dieselben noch auf der linken Brust einen achtspitzigen mit Strahlen gestickten silbernen Stern, dessen 4 Eckspitzen stumpfe Ende haben, und ein Burgundisches Creutz vorstellen.

Könige Englische Orden.

len. In der Mitte dieses Sterns ist eine goldene Circul-Fläche, worauf eine grüne gestickte Distel mit blauer Blüthe zu sehen, welche auf jeder Seite mit einem grünen Blatt umgeben ist. Umher stehet in einem grünen Circul die Ordens-Devise mit goldenen Buchstaben: *Nemo me impune lacessit.*

XV. Von

XV.

Von dem Orden Christi in Portugal.

Gestiftet im Jahr Christi 1319.

Dieser Orden ist eigentlich aus dem Orden der Tempel-Herren entstanden, ungefehr ums Jahr 1319. welcher alle dem Tempel-Orden zugehörige Güter behalten, und sich verbinden müssen, wider die Mohren zu kriegen. Die Spanischen *Historici* melden, daß diese Ritter auf 454 Comthureyen, auch *Decimas Ecclesiasticas* von allen Ländern und Oertern, welche der Cron Portugal unterworfen seyn, auch bis in beyderseits Indien hinaus, haben. Zu denen Comthureyen gelangen die Ritter nicht eher, als bis sie eine militärische Probe in den Afrikanischen Festungen von Portugall abgeleget. Ihr Ordens-Sitz ist zu Tomar zwischen Lisabon und Coimbra gelegen.

Das Ordens-Zeichen ist ein rothes viereckigtes, und in demselben ein weisses Creutz. Dieses tragen die Ritter an einer goldenen dreyfachen Kette um den

XV. pag: 62.

Kön. Portugies. Orden.

den Hals, auf der Brust. Ueber dies tragen sie einen schwarzen Mantel mit Hermelin ausgeschlagen, darauf bemeldtes rothes Creutz aufgenähet zu sehen.

Wegen ihres grossen Reichthums ist der König von Portugall ihr Oberhaupt.

Die Ordens-Devise ist: *Christiana Militia.*

XVI.

XVI.
Von dem
Orden von Avis,
in Portugall.
Gestiftet im Jahr Christi 1147.

Als in dem Jahr 1147. Don Ferdinand Monteyro bey der Belagerung Lisabons, wider die Mohren, mit seinen Truppen ausserordentliche Proben der Tapferkeit an den Tag legte; so errichtete dessen Bruder, König Alphonsus I. König in Portugall, zum Zeichen seiner Erkenntlichkeit diesen militarischen Orden, und ernannte in bemeldtem Jahr Don Ferdinand zum Großmeister desselben. Es wurde den Rittern auferlegt den Regeln St. Benedicti zu folgen, vermöge desselben sie die Keuschheit und den Gehorsam, zuvörderst aber die Beschützung der Catholischen Religion und Lande wider die Mohren angeloben musten.

Nach der Errichtung dieses Ordens giengen einige Jahre vorbey, da sich die Ritter desselben keinen andern Namen gaben, als die neue Miliz: weil sie noch keinen gewissen Sitz hatten, davon sie sich nennen konnten. Im Jahr 1166. wurde von ihnen

Evora

XVI. pag. 64.

König. Portugesisch. Orden.

Evora erobert, in welcher Stadt der König ihnen das Königliche Palais einräumte, und befahl, sich von diesem Orte zu nennen.

Als darauf von der Crone Portugall beschlossen wurde, in der Gegend Santara eine Vestung wider die Möhren anzulegen, welche der König den Rittern von Evora hernach auch zu ihrem Sitz überliesse, und der Großmeister nebst einigen Rittern sich dahin begab, die Gegend in Augenschein zu nehmen, so solle der Großmeister (nach der Erzehlung *Roderic Mendez de Silva*) 2 Adler auf einer Eiche gesehen haben, welches sie für ein gutes Zeichen hielten, die Gegend Avis genennet, und darauf eine trefliche Festung 1184. erbauet, und sich von diesem Ort *Chevaliers d'Avis* genennet haben. Der König Alphonsus gab ihnen zum Ordens-Zeichen einen kurzen weissen Mantel von Tuch, auf dessen linker Seite ein grünes, mit einer schmalen goldenen Einfassung geziertes Lilien-förmiges Creutz gestickt zu sehen ist. Er erlaubte ihnen auch, ein dergleichen Creutz von Gold auf der Brust um den Hals hängend zu tragen, und einen schwarzen Habit.

Es sollte dieser Orden ehedessen mit dem Orden von Calatrava in Spanien vereiniget werden, welches zwar auch geschahe, allein auf nicht gar zu lange Zeit; denn im XV. Seculo trenneten sich die

Portugiesen wieder von den Spaniern, und blieben in einem besondern Orden, wie sie sich dann noch heutiges Tages befinden, und unter der Großmeisterschaft ihrer Könige stehen.

Von der Zeit der Errichtung dieses Ordens, ernannten die *Chevaliers* bey einer General-Versammlung allezeit ihre Großmeister aus ihrem Mittel, deren XX. aufeinander folgten. Hernach gelangten durch die Autorität des Päbstlichen Stuhls 6 Prinzen vom Königlichen Hause nacheinander zu dieser Würde; bis auf den König Joannem III. welcher im Jahr 1521. sich die Großmeisterschaft dieses Ordens zueignete, und diese Würde auf beständig mit der Crone vereinigte.

XVII. pag. 67.

Kön. Schwed. Orden.

XVII.
Von dem
Seraphinen-Orden
in Schweden.

Gestiftet im Jahr Christi 1334.

Magnus III. König in Schweden, stiftete im Jahr 1334. diesen Orden. Das Ordens-Zeichen bestehet aus einem achtspitzigen von Gold emaillirten Creutz, in dessen 4 Winkeln 4 roth incarnat emaillirte Seraphinen zu sehen, in dessen Mitte eine blau emaillirte Medaille hängt, in welcher der Name JESU von Gold, mit 4 von weiß und schwarz emaillirten Nägeln der Passion zu sehen ist. Dieses tragen die Ritter an einer doppelten Ordens-Kette von Gold um den Hals; welche aus zweyerley Gliedern bestehet, nemlich einem Seraphin von Gold, und einem mit einer goldenen Einfassung incarnat-roth-emaillirten Patriarchen-Creutz, welche wechselsweise miteinander verbunden sind. Ueber dieß tragen sie noch auf der linken Brust und Mantel einen achtspitzigen Stern, in dessen Mitte oben beschriebene Medaille, und in den 4 Ecken des Sterns 4 Seraphinen zu sehen sind.

Ihr Habit bestehet in einer weissen schwarz bordirten Spanischen Kleidung und kurzen Mantel, nebst einem unaufgekrämpten schwarz sammtnen Hut, mit 2 weissen grossen Federn oder Plume gezieret.

Die Ordens-Devise ist: *Jesus Hominum Salvator.*

XVIII. pag. 69.

Königl. Schwedische Orden.

XVIII.

Von dem Schwerdt-Orden in Schweden.

Die Geschichtschreiber, welche von diesem Orden reden, bezeichnen das Jahr nicht, in welchem dieser Orden errichtet worden. Einige setzen zum Urheber desselben *Gustavum* I. König in Schweden.

Das Ordens-Zeichen bestehet aus einem blossen Degen, welcher an 10 creutzweis übereinander gelegten blossen Degen hänget.

Dieses Ordens-Zeichen tragen die Ritter an einem rothen Band um den Hals, auf der Brust hängend.

Es ist dieser Orden nur hohen Generalspersonen und Officiers conferirt worden.

Wegen der Institution dieses Ordens, ist das mehrere bey Giustiniani, Favin und Heliot beliebig nachzusehen.

XIX.

Von dem weissen Elephanten-Orden in Dännemark.

Gestiftet im Jahr Christi 1190.

Dieser berühmte Ritter-Orden ist nebst dem vom blauen Hosenband, vor einen der ansehnlichsten zu halten. Canutus IV. als er im Jahr 1190. in eigener Person wider die Heiden zoge, stiftete denselben, und im Jahr 1458. ist er von Christiano I. erneuert worden. Die Ordens-Kette bestunde vormals aus goldenen wechselsweise aneinander gesetzten Elephanten und Ankercreutzen, woran unten das Bildniß Mariä mit dem Jesus-Kind auf dem Arm, und um und um mit Strahlen umgeben, hienge. Allein das Ordens-Zeichen sowohl als die Kette ist nachgehends ganz verändert worden, und bestehet solches anjetzo aus einem goldenen weiß emaillirten Elephanten, mit einem goldenen Rüssel und Zähnen: Dieser stehet auf einem grün emaillirten Stück Erde: Auf dem Rücken trägt er einen goldenen Thurn oder Castell mit Schiesscharten, welches oben und unten mit einer Reihe von Diamanten

XIX. pag. 70.

Kön. Dän. Orden.

ten besetzt ist; unter diesem Thurn liegt auf dem Elephanten ein kleines Creutz, welches aus 5 zusammen gesetzten Diamanten bestehet; auf dem Genicke des Elephanten aber sitzt ein kleiner schwarz emaillirter Mohr, welcher einen goldenen Spies in der Hand hält.

Dieses Ordens-Zeichen, welches an einem gedoppelten goldenen Ring hängt, tragen die Ritter an einem handbreit himmelblau gewässerten Band von der linken Schulter nach der rechten Hüfte zu abhängend: Bey solennen Festen aber tragen sie dasselbe an der grossen Ordens-Kette, um den Hals auf der Brust hängend. Diese Kette bestehet aus zweyerley Gliedern, welche wechselsweise aneinander gefüget, und mit kleinen goldenen Ketten unter sich verbunden sind. Das erste Glied stellet einen goldenen weiß emaillirten Elephanten mit goldenem Rüssel und Zähnen auf einem grünen Rasen vor. Das andere ist ein goldener Thurm oder Castell mit Schiesscharten, an welchen 2 verbundenen Gliedern vorbeschriebenes Ordens-Zeichen hänget.

Ferner tragen die Ritter dieses Ordens noch auf der linken Brust einen achtspißigen mit Strahlen gestickten silbernen Stern, dessen 4 Seitenspitzen länger sind, als die Eckspitzen: in der Mitte desselben ist eine Ponceau-farbne sammtne Circul-Fläche, worauf ein silbergesticktes Creutz, dessen unterstes Ende etwas länger als die 3 übrigen ist, zu sehen ist. Umher ist ein silberner Circul, worauf ein silberner Lorbeerkranz mit goldenen Borden oben und unten zusammen gebunden ist. Dieser Circul ist mit einer silbernen Rundschnur umgeben.

Den Ceremonien-Habit betreffend, so bestehet solcher in einem grossen von Cramoisin-Sammet und weissem Satin gefütterten langen Mantel, dessen Schleppe 2 Ellen lang, und woran hinten eine Capuze angeheftet ist. Die Rundschnüren, welche den Mantel zusammen halten, sind von Silber und rother Seide gewirkt. Das Wammes und Beinkleider von weissem Satin, und die Strümpfe Perlenfarb. Auf der linken Seite des Mantels tragen sie auch oben beschriebenen Stern, und einen schwarz sammtnen Hut, mit einem Bouquet von roth und weissen Federn.

Das, was den König in dem Habit unterscheidet, ist, daß dessen Hut mit weissen Federn und einer schwarzen Reiger-Feder gezieret, auch sein Mantel mit Hermelin gefüttert ist.

Niemand kann diesen Orden bekommen, er habe dann schon einige Zeit vorhero den Orden vom weissen Band oder Dannenbrogs-Orden getragen.

Die **Ordens-Devise** ist: *Magnanimi pretium.*

XX. Von

Königl. Dänische Orden.

XX.

Von dem Dannenbrogs-Orden in Dännemark.

Gestiftet im Jahr Christi 1219.

König Waldemarus II. stiftete diesen Ritter-Orden im Jahr 1219. weilen damals bey einem wider die unglaubigen Liefländer von ihme gehaltenen Treffen, ein rothes Panier mit einem weissen Creutz vom Himmel gefallen seyn soll. Allein, es ist dieser Orden sehr in das Abnehmen gerathen, weßhalben König Christianus V. bey Gelegenheit der Geburt seines Prinzen Friederichs, im Jahr 1612. denselben wieder erneuert, und das Ordens Zeichen verbessert hat.

Dieses ist ein goldenes viereckigtes Creutz, dessen unteres Ende etwas länger, als die übrige, und weiß emaillirt ist, mit einem schmalen rothen Rand umgeben, und Creutzweis mit 11 Diamanten besetzt.

Dieses Ordens-Zeichen wird von den Rittern an einem gedoppelten goldenen Ring hängend, an einem breiten weissen gewässerten Band, welches eine schmale rothe Einfassung hat, über der rechten Schulter nach der linken Hüfte zu hängend getragen: bey Solennitäten aber müssen sie solches an der gewöhnlichen Ordens-Kette auf der Brust hängend tragen.

Diese Kette bestehet aus 3 aneinander gesetzten Gliedern. Das erste ist ein goldenes mit einer Crone bedecktes *W*, welches den Namen des Stifters Waldemari andeutet. Das zweyte Glied ist ein goldenes mit einer Königlichen Crone bedecktes *C*, in dessen Mitte eine 5 steht, und den Namen Christiani V. als des Erneurers dieses Ordens, anzeiget. Das dritte bestehet aus einem goldenen weiß emaillirten Creutz, mit einer schmalen rothen Einfassung. Diese dreyerley Glieder sind wechselsweise also aneinander gefügt, daß erstlich das *W*, hernach das *C*, alsdann ein Creutz, hernach das *C*, dann wieder ein Creutz ꝛc. nacheinander folgen: welche Glieder alle mit kleinen goldenen Ketten untereinander verbunden sind.

Ueber dem tragen die Ritter dieses Ordens noch auf der rechten Brust einen achtspitzigen mit Strahlen gestickten silbernen Stern, dessen 4 Eckspitzen länger sind als die 4 Mittelspitzen. Auf diesem Stern ist ein silbernes Creutz mit stumpfen Ecken,

und

und einer schmalen rothen Einfassung, dessen unterstes Ende länger ist, als die übrige, und bis unten aus dem Stern heraus gehet, an statt der untersten Spitze des Sterns, so daß derselbe eigentlich nur 7 Spitzen hat. Auf dem Creutz ist in der Mitte der Buchstabe *C* mit einer 5 in der Mitte, und eine Königliche Crone darüber von Gold zu sehen, nebst der Beyschrift mit goldenen Buchstaben: *Restitutor*, so daß in dem rechten Ende des Creutzes, *Re*, oben *sti*, zur linken *tu*, und unten *tor*, zu lesen ist.

Die Ordens-Devise ist: *Pietati & Justitiæ.*

Es wird dieser Orden auch geringen Standespersonen vom Adel, ingleichem Gelehrten conferiret; da hingegen in den Elephanten-Orden nur die vornehmsten Standespersonen aufgenommen werden. Ein jeder Ritter dieses Ordens hat seinen eigenen Ceremonien-Meister und Secretarium.

XXI.
Von dem Orden de la Fidelité in Dännemark.
Gestiftet im Jahr Christi 1732.

Dieser Orden wurde im Jahr 1732. den 7ten August von der Königinn Sophia Magdalena zum Andenken ihrer am 7ten August geschehenen Vermählung, gestiftet.

Das Ordens-Zeichen ist ein goldenes viereckigtes weiß emaillirtes Creutz, dessen 4 Ecken mit 4 Königlichen Cronen bedeckt sind.

In der Mitte des Creutzes ist eine blaue emaillirte Platte, worauf mit goldenen Buchstaben der Königin Name *en Chiffre*, mit einer Königlichen Crone bedeckt, zu sehen ist. In den 4 Winkeln des Creutzes stehen wechselsweise der Preussische Adler und der Nordische Löwe. Auf der andern Seite aber stehet die Inscription; *In felicissimæ unionis memoriam.*

Dieses Ordens-Creutz wird von den Rittern an einem zwey Finger breiten himmelblauen gewässerten Band mit einer silbernen Einfassung um den Hals auf der Brust hängend getragen.

XXII.

XXI. pag. 76.

Königl. Dänischer Orden.

Kön. Polne. Orden.

XXII.

Von dem Orden des Weissen Adlers in Pohlen.

Gestiftet im Jahr Christi 1325.

Im Jahr 1325. ist dieser Orden bereits vom Könige *Uladislao Lockico* gestiftet worden. Es war derselbe von schlechtem Ansehen, und dergestalt in kurzer Zeit in das Abnehmen gerathen, daß man dieserhalb in denen Pohlnischen *Autoribus* wenig oder fast gar nichts findet.

Allein, der letztverstorbene König in Pohlen Augustus II. hat im Jahr 1705. diesen Orden folgendergestalt erneuert:

Das Ordens-Zeichen ist ein goldenes in acht Spitzen ausgehendes durchsichtig emaillirtes und mit einer erhobenen weiß emaillirten Einfassung umgebenes Creutz, auf welchem der Pohlnische Adler weiß emaillirt in erhobener Arbeit zu sehen ist. Dieser hat einen goldenen Schnabel und Klauen, und führet auf dem Kopf eine goldene Königliche mit Diaman-

Diamanten reich besetzte Crone. In den Winkeln des Creutzes sind 4 goldene mit Diamanten besetzte Feuerflammen, welche sich oben in eine Spitze verliehren; zwischen den Spitzen des Creutzes sind noch kleine goldene Ecken mit Diamanten besetzt. Auf den 8 Spitzen des Creutzes ruhen 8 grosse Diamanten. Dieses Creutz, welches an 2 goldenen mit Diamanten reich besetzten Ringen hänget, tragen die Ritter an einem breiten himmelblau gewässerten Band von der rechten Schulter nach der linken Hüfte zu abhangend. Auf der linken Brust und Mantel tragen die Ritter einen achtspitzigen mit Strahlen gestickten goldenen Stern, dessen 4 Mittelspitzen länger sind als die Eckspitzen. Auf demselben ist ein mit Silber erhobenes gesticktes Creutz mit stumpfen Ecken und einer schmalen rothen Einfassung; auf dem Creutz ist mit goldenen Buchstaben gestickt, die Ordens-Devise: *Pro Fide, Rege & Lege*, zu lesen. Aus den 4 Winkeln des Creutzes gehen 4 mit Silber gestickte Feuerflammen hervor, welche mit einer schmalen rothen Einfassung umgeben, und mit gestickten Diamanten von Glanz-Silber besetzt sind. Die Ritter dieses Ordens führen um ihr Stamm-Wappen ein herumhangendes blaues Band, woran unten das Ordens-Creutz hänget.

Das Ordens-Kleid, welches ihnen schon von dem ersten Stifter gegeben worden, bestehet in einem blauen

blauen mit weissem Stoff gefütterten Mantel, auf welchem der weisse Adler gestickt war, an dessen statt dieselben jetzo oben beschriebenen goldenen Stern tragen. Unter diesem tragen sie noch einen langen Ponceau-rothen Rock von weissem Stoff gefüttert, nebst einer Mütze von Ponceau-Sammet.

XXIII.

Von dem Orden des Schwarzen Adlers in Preussen.

Gestiftet im Jahr Christi 1701.

Dieser bekannte und berühmte Orden ist von Sr. Königl. Maj. in Preussen, Friederich I. den Tag vor Dero Krönung, nemlich den 17ten Jan. 1701. zu Königsberg in Preussen aufgerichtet, und an demselben Tag der Ritterschlag vollzogen worden, damit die Ritter des folgenden Tages in ihrer Ordens-Kleidung die Crönung desto ansehnlicher machen möchten.

Das Ordens-Zeichen ist ein goldenes achtspitziges blau emaillirtes Creutz, in dessen Mitte ein kleines goldenes Plättlein, worauf die Buchstaben *F. R.* als des hohen Stifters Name, schwarz emaillirt zu lesen sind. In den 4 Winkeln des Creutzes sind 4 goldene schwarz emaillirte Adler mit ausgebreiteten Flügeln, goldenen Königlichen Cronen auf den Köpfen, goldenen Schnäbeln und Klauen zu sehen.

Dieses

XXIII. pag. 80.

Kön. Preussl. Orden.

Dieses wird von den Rittern an einem Orange-farbenen Band von der linken Schulter nach der rechten Hüfte zu abhängend getragen. Bey Solennitäten aber, da die Ritter in dem völligen Ordens-Habit erscheinen, tragen dieselben dieses Creutz an der grossen Ordens-Kette um den Hals auf der Brust hängend.

Diese Ordens-Kette bestehet aus zweyerley Gliedern, welche wechselsweise mit kleinen goldenen Ketten aneinander gefügt sind. Das erste Glied ist ein goldener schwarz emaillirter Adler mit niederhängenden Flügeln, goldenen Schnäbeln und Klauen, gleichsam fliegend vorgestellt, welcher in den Klauen von Gold gearbeitetes Feuer und Donnerkeule hält.

Das andere Glied ist ein goldenes himmelblau emaillirtes rundes Schild, auf welchem die Buchstaben *F. R. Fridericus Rex*, viermal schwarz emaillirt zu lesen, und zwar so, daß immer 2 *F.* mit dem Rücken gegeneinander sehen, und dazwischen ein *R.* stehet. In der Mitte dieses Schildes ist noch ein kleines rundes Schildlein, worauf schwarz emaillirt die Ordens-Devise: *Suum cuique*, zu lesen ist. Ueber dem Namen des Königs ist jedesmal ausserhalb der ganzen *Chiffre* eine Königliche Crone, und das ganze Schild ist mit einem goldenen

Rand eingefasset. Ueber dem tragen die Ritter noch auf der linken Brust einen achtspitzigen mit Strahlen gestickten silbernen Stern, dessen 4 Mittelspitzen länger sind als die Eckspitzen: in der Mitte desselben ist eine Orange-farbene Circul-Fläche, worauf ein schwarzer gestickter Adler mit goldenem Schnabel und Klauen, und niederhangenden Flügeln, doch fliegend, vorgestellet ist, der auf dem Kopf eine Königliche Crone trägt, und in der rechten Klaue einen grünen Lorbeerkranz, in der linken aber Feuer und Donnerkeule hält.

Um dieses Schild ist noch ein ganz silberner Circul, auf welchem unten 2 creutzweis gelegte grüne Lorbeer-Zweige mit rothen Beeren zu sehen, welche mit goldenen Schnüren zusammen gebunden. Oben drüber stehet mit goldenen Buchstaben die schon erwehnte Ordens-Devise: *Suum cuique.* Beyde Circul sind mit silbernem gewundenem Drat von einander unterschieden.

Bey Solennitäten bestehet das ganze Ordens-Kleid aus einer himmelblau sammtenen Weste mit langen Ermeln, darüber hängt ein langer rother incarnat-farbener sammtner Mantel mit goldenen vorn herunter hangenden Rundschnüren und Bommeln, welcher innwendig mit blauem Moir gefüttert ist. Ueber der Weste hängt das gelbe Ordens-

Band;

Band; auf der linken Seite des Sterns ist der Ordens-Stern angeheftet. Ueber dem Mantel tragen die Ritter die grosse Ordens-Kette, und auf dem Kopf einen schwarzen sammtnen Hut, welcher mit einer hohen weissen Plume und einer Agraffe von Diamanten gezieret ist, um den Hut aber gehet noch eine Schnur von Diamanten.

Endlich führen die Ritter noch einen besondern Ordens-Degen mit einem runden Kopf, ohne Bügel, in Gestalt eines Schwerdts.

Alle Ritter tragen einerley Ordens-Kleidung, ausser daß der Fürstlichen Personen Ordens-Mäntel viel längere Schleppen haben. Des regierenden Königs in Preussen Majestät sind allezeit Großmeister dieses Ordens, und die Prinzen des Königlichen Hauses sind gebohrne Ritter desselben.

Die Ritter haben alle den Rang eines Königlichen General-Lieutenants, und haben die Freyheit, die grosse Ordens-Kette um ihr Stamm-Wappen hängend zu führen.

XXIV.
Von dem Orden
du Merite
in Preussen.
Gestiftet im Jahr Christi 1740.

Dieser Orden ist von Sr. Königl. Majestät in Preussen Friderico II. im Jahr 1740. gestiftet worden.

Das Ordens-Zeichen ist ein goldenes achtspitziges blau emaillirtes Creutz, in dessen obersten Ende der Buchstabe *F* mit einer Königlichen Crone zu sehen ist. In den 3 andern Enden stehet mit goldenen Buchstaben die **Ordens-Devise:** *Pour le merite*, und zwar so, daß in dem Ende zur Rechten das Wort *Pour*, in dem zur Linken *le Me-*, und in dem untern *rite* gesetzet ist.

In den 4 Winkeln des Creutzes sind 4 goldene Adler mit ausgebreiteten Flügeln zu sehen.

Dieses Ordens-Zeichen tragen die Ritter an einem 2 Finger breiten schwarzen Band, mit einer schmalen silbernen Einfassung, um den Hals, auf der Brust hängend.

XXIV. pag. 84.

König. Preussisch. Orden.

XXV. pag. 85.

Königl. Preuss. Orden.

XXV.
Von dem Orden
de la
Generosité
in Preussen.
Gestiftet im Jahr Christi 1685.

Dieser Orden ist im Jahr 1685. von Sr. Königl. Maj. Friderich I. als er noch Chur-Prinz war, aufgerichtet worden.

Das Ordens-Zeichen ist ein goldenes achtspitziges himmelblau emaillirtes Creutz, in dessen obersten Ende der güldene Buchstabe *F* mit einem emaillirten Chur-Hut darüber zu sehen; in denen andern 3 Enden stehet mit goldenen Buchstaben: *Gene- rosi- té.*

In den Winkeln des Creutzes sind goldene Adler mit ausgebreiteten Flügeln zu sehen.

Dieses Creutz tragen die Ritter an einem 2 Finger breiten schwarz gewässerten Band um den Hals auf der Brust hängend.

XXVI.
Von dem Orden der Verkündigung Mariä, in Savoyen.
Gestiftet im Jahr Christi 1434.

Die Geschichtschreiber sind in Beschreibung dieses Ordens, des Stifters und der Bewegursachen der Fundation desselben nicht ganz und gar einig. Einige setzen zum Urheber desselben Amadeum VI. Comte von Savoyen, und zwar um das Jahr 1360. *Capré*, welcher ein Verzeichniß der Großmeister und *Chevaliers* dieses Ordens heraus gegeben, und die Einsetzung desselben in das Jahr 1362. setzet, sagt hievon also: Daß der Graf Amadeus durch ein Testament die Fundation dieses Ordens wohl angeordnet habe, welche Verordnung von seiner hinterlassenen Gemahlin *Bonne de Bourbon* vollzogen worden, da selbige als Gouvernantin von Bugey ein Kloster für die Carthäuser erbauen ließ, und woselbsten die Ritter dieses Ordens im Jahr 1410. ihre erste Versammlung hielten. Dem sey nun wie ihm wolle, so ist gewiß, daß der Enkel des *Comte Vert*,

Kön. Sardin. Orden.

Vert, *Amadeus* VIII. erster Herzog von Savoyen, diesen Orden fest gesetzt, das Ordens-Zeichen und Kette geändert, und ihme den Namen von der Verkündigung Mariä gegeben.

Das Ordens-Zeichen ist ein weiß emaillirtes Oval-Schildlein mit einer goldenen Einfassung, worauf mit bunten Farben der Englische Gruß emaillirt zu sehen ist. Um dieses Schildlein gehen zu beyden Seiten und unten zweymal geschlungene goldene Schnüren herum. Dieses hängt an einem Band, welches in Form eines Bracelets von Gold gearbeitet, und aus dreyerley aneinander vereinigten Gliedern bestehet.

Das erste, und zwar das mittlere, woran das Ordens-Zeichen hängt, ist eine weiß emaillirte Rose; das zweyte eine zweymal durcheinander geschlungene goldene Schnur, welches sie *Lacs d'amour* nennten, dann wieder einer solchen Schnur, worinnen die 4 Buchstaben *F. E. R. T.* gesetzt seyn sollen, und die Ordens-Devise ist: *Fortitudo Ejus Rhodum Tenuit.* Das dritte Glied ist eine roth emaillirte Rose. Dies Ordens-Band tragen die Ritter um den Hals auf der Brust.

Der Ordens-Habit bestehet in einer Spanischen Kleidung, über welcher die Ritter einen Mantel von Amaranth-Farb tragen. Dieser Mantel ist von himmelblauem Moir gefüttert, und vorn zu beyden Seiten herunter mit Rosen, einer geschlungenen Schnur, dann wieder eine Rose wechselsweise von Gold gestickt. Auf dem Haupt tragen sie einen schwarz sammtnen Hut mit einer weissen Plume. Die Absätze an ihren Schuen sind roth, wie auch die Laschen an denselben mit rothem Tuch gefüttert sind.

Die Herzoge von Savoyen sind allezeit Großmeister dieses Ordens, und die Ritter desselben haben ihren Sitz zu Turin.

Königl. Neapolitan. Orden.

XXVII. Von dem Orden des Heiligen Januarii zu Neapolis.

Gestiftet im Jahr Christi 1738.

Dieser Orden ist im Jahr 1738. den 3ten Jun. von Carolo dem König beyder Sicilien gestiftet, und die Anzahl der Ritter ungefehr auf 60 gesetzt worden. Das Ordens-Zeichen ist ein goldenes achtspitziges weiß emaillirtes Creutz, in dessen Mitte der Heil. Januarius als Patron dieses Ordens in Bischöflichem Habit zu sehen, in der linken Hand ein aufgeschlagen Buch, darauf eine Flasche mit dem berühmten Blut dieses Heil. Märtyrers stehet, in der rechten Hand aber einen Bischofs-Stab haltend; in den 4 Winkeln des Creutzes präsentiren sich 4 goldene Lilien.

Dieses Creutz tragen die Ritter an einem handbreiten fleischfarbenen gewässerten Band, über der rechten Schulter nach der linken Hüfte zu hängend. Ueber dem tragen die Ritter dieses Ordens noch einen achtspitzigen, mit Strahlen gestickten silbernen Stern auf der linken Brust, dessen 4 Mittelspitzen långer sind als die Eckspitzen. Auf diesem Stern ist ein viereckigtes silbernes Creutz mit einer goldenen Einfassung, darauf mit goldenen Buchstaben die Ordens-Devise: *In sanguine fœdus*, zu lesen, und zwar so gesetzt, daß in dem Ende zur rechten: *In san-* oben, *gui-* zur linken: *ne fœ-* und unten: *dus*, steht. In den 4 Winkeln des Creutzes präsentiren sich 4 mit Gold gestickte Lilien. Bey vorfallenden Solennitäten tragen die Ritter einen purpurfarbenen moirnen Mantel, welcher über und über mit goldenen Lilien gestickt, mit perlenfarbenen Tafft gefüttert, und auf Hermelin Art mit schwarzen Flecken besetzt ist, nebst 2 langen herunterhängenden Schnüren von Seide und Gold. Sie tragen auch einen schwarz sammtenen Hut, mit einer weissen Feder. Die Ordens-Kleidung, sowohl der Rock als Weste, bestehet aus Drap d'argent mit weissem Grund. Auf dem Rock sowohl als auf der linken Seite des Mantels ist der Ordens-Stern angeheftet.

Chur-Bayerz Orden.

D. Churfürstliche Ritter-Orden.

XXVIII.

Von dem Orden des Heil. Ritters und Martyrers Georgii, in Chur-Bayern.

Gestiftet im Jahr Christi 1729.

Dieser Orden, dessen Ritter auch sonst Beschützer der unbefleckten Empfängniß *B. V.* Mariä genennt werden, hat bereits vor vielen Jahren in Bayern florirt; wie sich dann die Ritter desselben schon bey denen ehemaligen Creutz-Zügen viel Ruhm erworben; er ist aber nach der Zeit sehr ins Abnehmen gerathen, bis er endlich 1729. den 24ten October von Ihro Churfürstl. Durchl. und glorwürdigsten Kayserl. Majestät in Bayern, Carolo Alberto, 3 Jahr nach Antritt Dero Churfürstl Regierung erneuert, und mit Päbstlicher Confirmation zu München in der Collegial Stifts- und Frauen-Kirche solenniter aufgerichtet worden.

Das

Das Ordens-Zeichen ist ein goldenes achtspitziges himmelblau mit einer weissen Einfassung email-lirtes Creutz, mit einem von einem goldenen Rand erhobnen goldnen Mittelschild, worauf in erhobner Arbeit zu sehen die Heil. Mutter Gottes, auf einem aufwärts stehenden Mond in Wolken stehend, und die Hände empor haltend; ihr Haupt ist mit 5 Sternen umgeben, und unter dem Mond liegt eine Schlange, deren Kopf sie mit dem rechten Fuß zertritt: in den 4 Winkeln des Creutzes sind 4 himmelblaue mit einem weissen Rand umgebene emaillirte Rauten, auf welchen die 4 goldenen Buchstaben stehen: *V. I. B. I. Virgini Immaculatæ Bavaria Immaculata.* Auf den 8 Spitzen des Creutzes und auf den Rauten ruhen so viel goldne Knöpfe.

Die andere Seite des Ordens-Zeichens ist eigentlich der St. Georgen-Orden, welcher ein achtspitziges roth emaillirtes weiß eingefaßtes Creutz vorstellet, in dessen Mitte auf einer Circul-Fläche der Ritter George zu sehen; in denen in den 4 Winkeln des Creutzes stehenden Rauten sind die 4 goldenen Buchstaben *I. V. P. F.* welche heissen: *Iustus ut Palma florebit,* zu lesen. Auf den Enden sind gleichfalls die goldenen Knöpfe zu sehen.

Dieses Creutz hängt an einem goldnen Bügel an einem goldnen Löwenkopf, und wird bey So-

lennitäten

lennitäten an der grossen Ordens-Kette um den Hals auf der Brust getragen. Diese Ordens-Kette bestehet aus dreyerley Gliedern, welche wechsels-weise aneinander gefügt sind. Das erste ist ein goldenes *Rectangulum*, worauf erhobene Buchstaben zu sehen, welche auf der ganzen Ordens-Kette die Worte ausmachen: *In Fide, Justitia & Fortitudine.* Auswendig an der langen Seite des *Rectanguli* sind goldene Feuerflammen, an den 2 kürzern Seiten roth emaillirte Fürsten-Hüte. Das andere Glied stellet 2 aneinander stossende quadrirte Rauten vor, welche blau und weiß emaillirt, und mit goldnem Laubwerk auswendig gezieret sind. Das dritte bestehet aus 2 gegeneinander auf goldnem Erdreich stehenden doppeltschwänzigen goldnen Löwen, zwischen welchen eine goldne Säule mit einem Reichsapfel darauf zu sehen, welche sie mit der einen Klaue halten, und in der andern einen blossen Säbel führen. Diese Glieder folgen in dieser Ordnung aufeinander: Erstlich die Löwen, dann die Rauten, alsdann das *Rectangulum*, dann wieder die Rauten, hernach die Löwen, u. s. w. Ausser den Solennitäten tragen die Ritter dieses Creutz an einem breiten himmelblau gewässerten Band, welches am Ende mit einem durchgehenden weissen, und neben demselben innwärts zu mit einem dunkelblauen Streif gezieret ist.

Die

Die *Grands-Croix* tragen über dies noch auf der linken Brust ein himmelblaues achtspitziges mit einer silbernen Einfassung gesticktes Creutz, in dessen Mitte eine silberne erhobene Circul-Fläche, mit einem rothen Creutz zu sehen. In den Winkeln sind 4 wechselsweis blau und Silber quadrirte Rauten.

Der Ordens-Habit bestehet 1) aus einem aufgeschlagenen Streit-Kleid von silbernen Glacè, mit Ponceau-Sammet gefüttert. 2) Ein Ponceau-sammtenes Wehrgehäng mit Silber gestickt. 3) Ein himmelblau sammtenes Scapulaire mit einer silbernen Bordure. 4) Ponceau-sammtne Beinkleider. 5) Weisse Schuh mit rothen Absätzen, mit roth und silbernen Rosen. 6) Der Ordens-Mantel von himmelblauem Sammet, mit silberner Bordure und silbernen Glacè gefüttert. 7) Eine Spanische Peruque. 8) Einen schwarzen Hut mit einer vorn aufgeschlagenen Krempe, woran ein Schmuck von Edelsteinen. Der Hut ist mit roth und weissen Federn wechselsweis umgeben. Auf dem Ordens-Mantel ist der Stern angeheftet, und über dem Mantel wird die Ordens-Kette getragen.

Die **Ordens**-*Insignia* werden also getragen: Der Großmeister, **Groß-Priores** und Groß-Commenthurer tragen auf der linken Brust den Stern und das Creutz an einem dergleichen breiten Band über

über die rechte Schulter nach der linken Hüfte herab hängend. Die Commenthurer den Stern auf der linken Brust, und das Creutz an einem schmälern Band um den Hals auf der Brust. Die blossen Ritter aber tragen den Stern nicht, sondern nur das Creutz, aber kleiner, an einem dergleichen schmälern Band um den Hals auf der Brust hängend.

Der Großmeister dieses Ordens ist jederzeit der regierende Churfürst von Bayern selbsten, nach diesem folgen 3 Groß-Priores, deren 2 Dignitäten denen eheleiblichen Churfürstlichen Prinzen, die dritte aber dem jedesmaligen ältesten Prinzen der vorhandenen Herzogl. Bayrischen Cadetten-Linie gebühret, und bey Ermanglung der Prinzen vaciren. Nach diesen theilt sich der Orden in 3 Classen. 1) Sind die Groß-Commenthurer, derer *quoad numerum fixum* 6 sind, und aus derer Mittel der Gros-Canzler ist. 2) Die Commenthuren, deren 12 und aus ihrem Mittel der Ordens-Schatzmeister und *Ceremoniarius* sind. 3) Die Ritter, deren gesetzte Zahl sich auf 24 erstrecket. Endlich ist bey dem Orden ein Ordens-Secretarius, Cassier und ein Garderobbe bestellt.

XXIX.

Von dem Orden des Heiligen Huberti in dem Herzogthum Jülich.

Gestiftet im Jahr Christi 1444.

Nach dem Tode Reinbold III. Herzogen von Jülich und Geldern, gelangte im Jahr 1423. Adolph II. Herzog von Berg, zur Succession, und empfieng 1425. von Kayser Sigismundo die Investitur über diese Herzogthümer. Allein Arnold von Egmont, welcher einen Anspruch daran hatte, wollte sich dieser Herzogthümer bemächtigen, und fiel deswegen mit seinen Truppen in Jülich ein. Herzog Adolph gieng mit ihm einen Vergleich und Waffenstillstand auf 10 Jahr ein, vermöge dieses Vertrags er erstern das Herzogthum Jülich auf immer und ewig abtrat, und für seine andere Prätensionen noch 10000 Gulden zahlte. Herzog Adolph gieng indessen ohne Erben mit Tod ab, und sein Vetter, Gerhard V. succedirte ihm in dem Herzogthum Jülich 1437.

Arnold

Chur Pfaltz Orden.

Arnold von Egmont fieng aufs neue an seine Ansprüche auf dieses Herzogthum zu machen, und gieng deswegen im Jahr 1444. mit einer Armee in dieses Herzogthum; Allein er wurde von Herzog Gerhard glücklich in die Flucht geschlagen, und letzterer erhielt in diesem nemlichen Jahr am Tage des Heil. Huberti einen vollkommenen Sieg über ihn. Zum Andenken dieses erhaltenen Sieges stiftete also Herzog Gerhard diesen Orden noch in diesem benannten Jahre 1444.

Das Ordens-Zeichen ist ein goldenes achtspitziges roth emaillirtes Creutz, mit goldenen Knöpfen auf den Spitzen. In der Mitte ist ein goldener Schild, worauf ein grüner Busch emaillirt, aus welchem ein Hirsch halb zu sehen, welcher zwischen denen Gewehhen ein rothes Creutz hat; vor ihm ist der Heil Hubertus kniend zu sehen, mit einem goldenen Schein um den Kopf; umher stehet in einem rothen Circul mit goldenen Buchstaben die Gothische Schrift: *In trau vast*; welches heisset: In der Treue vest. Aus den Winkeln des Creutzes gehen drey goldene Strahlen. Dieses Creutz wird von den Rittern ausser den Ceremonien und Solennitäten über ihrer ordinairen Kleidung an einem handbreiten Ponceau-farbnen gewässerten Band, mit gelber Bordure über der linken Achsel nach der rechten

Hüfte zu hängend getragen. Bey Solennitäten aber tragen sie solches über dem Ceremonien-Kleid, welches in schwarz Spanischer Kleidung besteht, an einer goldenen Kette um den Hals. Ueber dieses tragen die Ritter noch auf der linken Brust, sowohl auf ihrer ordinairen als Ceremonien-Kleidung, einen achtspitzigen mit Strahlen matt gestickten silbernen Stern, dessen 4 Mittelspitzen länger sind, als die Eckspitzen: auf dem Stern liegt ein mit Silber gesticktes, und mit Glanz-Gold durchwirktes viereckigtes Creutz mit goldener Einfassung, und goldenen Knöpfen auf denen Ecken. In der Mitte des Sterns ist eine Ponceau-farb sammtene Circul-Fläche, worauf mit Gothischen Buchstaben schon erwehnte Schrift und Ordens-Devise: *In trau vast*, zu lesen ist. Umher ist ein goldener gewundener Circul.

Es wurde dieser Orden auch der Orden vom Horn genennet, weilen die Ritter damals eine Kette von Jagdhörnern trugen. Er ist aber nach der Zeit ganz in das Abnehmen gerathen, bis ihn der vorige Churfürst von der Pfalz **Philipp Wilhelm** bey Ueberkommung der Obern Pfalz im Jahr 1709. erneuert, und sich selbst zum Großmeister desselben ernennet hat.

XXX. pag. 99.

Erz-Bischöffl. Salzburg. Orden.

E. Erzbischöffliche Ritter-Orden.

XXX.

Von dem Orden des Heiligen Ruperti in Salzburg.

Gestiftet im Jahr Christi 1701.

Dieser Orden wurde von dem Erzbischoffe von Salzburg, Johann Ernst, Grafen von Thun, im Jahr 1701. dem Heil. Ruperto als Stifter und erstem Bischoffe von Salzburg zu Ehren errichtet.

Das Ordens-Zeichen ist ein viereckigtes goldenes ankerförmiges, weiß emaillirtes Creutz, mit einer goldenen Einfassung, in dessen Mittelschild im blauen Felde, auf einer Seite das Bildniß des Heil. Ruperti, auf der andern Seite aber die goldenen geschlungenen Buchstaben, *I. E.* gleichfalls in einem blauen Feld, zu sehen. Ueber diesem Schild ruhet ein Fürsten-Hut.

Dieses Creutz tragen die Ritter an einem Violet-farbenen Band, um den Hals auf der Brust hängend.

Dieser Prälat, als er von Kayser Leopoldo die Confirmation dieses Ordens erhielte, creirte noch in benanntem Jahr den 15ten November 12 Ritter dieses Ordens, welche er dazu aus den vornehmsten adelichen Personen dieses Staats genommen. Die Ceremonie geschah in der neu erbauten Heil. Dreyfaltigkeits-Kirche, und er conferirte jedem Ritter beschriebenes Ordens-Zeichen, welche Ceremonie sodann mit einem prächtigen Tractament und vielen Freudensbezeugungen beschlossen wurde.

Fürst. Burgund. Orden.

F. Fürstliche Ritter-Orden.

XXXI.
Von dem Orden des Guldenen Vliesses.

Gestiftet im Jahr Christi 1429.

Es ist dieser vornehme und berühmte Orden im Jahr 1429. den 10ten Januar von Philippo Bono, damaligen Herzogen von Bugund und Braband, gestiftet worden. Die damaligen Herzoge von Burgund, und nach ihnen die Könige von Spanien sind Großmeister dieses Ordens. Das Ordens-Zeichen ist ein goldenes hängendes Widder-Fell, über welchem ein Feuerstein, welcher mit goldenen Flammen umgeben ist.

Dieses Ordens-Zeichen wird von den Rittern an einem Ponceau-farbenen 2 Finger breiten gewässerten Band um den Hals auf der Brust getragen: bey Solennitäten aber wird solches an einer grossen goldenen Ordens-Kette hängend auf der Brust getragen.

Diese Ordens-Kette bestehet aus zweyerley Gliedern, welche wechselsweise aneinander gefügt sind. Das erste Glied stellet einen goldenen Feuerstein vor, welcher mit goldenen Flammen umgeben. Das andere präsentiret 2 zusammen gesetzte Feuerstahle, welche von Gold gearbeitet sind. Anfänglich musten die Ritter diese Ordens-Kette täglich tragen; doch Kayser Carl V. überhob sie dieser Mühe.

Das Ordens-Kleid bestehet aus einem langen Mantel und Mütze, welche von Cramoisin-Sammet, und mit weissem Atlas gefüttert sind. Der Mantel ist bordirt mit dem Ordens-Zeichen, nemlich in Feuersteinen und Flammen bestehend, und das Unterkleid ist von weisser Seide. Es wurden anfänglich nur 25 Ritter ernennet, nachmals aber hat Kayser Carl V. die Anzahl derselben erweitert. Dieser Orden ist mit Recht für einen der vornehmsten und ansehnlichsten in der Welt zu halten, wie er dann von den grösten Kaysern und Königen selbst getragen wird.

XXXII.

Groſs Herzogl. Florentiniſche Orden.

XXXII.

Von dem Orden des Heiligen Stephani zu Florenz.

Gestiftet im Jahr Christi 1561.

Cosmus der Grosse, aus dem Hause derer von Medicis, erster Groß-Herzog von Toscana, stiftete im Jahr 1561. dem Pabst Stephano IX. zu Ehren, welcher vorher Bischof zu Florenz gewesen, diesen Ritter-Orden.

Die Ritter desselben tragen ein goldenes achtspitziges roth emaillirtes Creutz zum Ordens-Zeichen auf der Brust hängend. Ihre Kleidung bestehet in einem schwarzen Habit und Mantel, und auf dem Haupt tragen sie einen Hut, mit einer rothen und weissen Feder.

Sie sind verbunden mit ihren Galeeren wider die Türkischen Seeräuber zu ziehen, und die Toscanischen Schiffe zu begleiten und zu beschützen.

Ihr Ordens-Sitz ist zu Cosmopolis auf der Insel Elba, das Ordens-Fest aber auf den 2ten

August. Der Groß-Herzog von Florenz ist allezeit Großmeister dieses Ordens.

Die Haupt-Würden dieses Ordens sind die Groß-Commenthurer, welche in dieser Dignität während der Regierung des Großmeisters stehen. Die andere aber, als der Groß-Connetable, Admiral, der Groß-Prior des Convents, der Groß-Canzler, der Schatzmeister, der General-Conservateur und der Prior der Kirche, werden alle 3 Jahr auf dem General-Capitel, bey welchem der Groß-Herzog als Großmeister sich befindet, erwählet.

Das General-Capitel, in welchem die 12 *Chevaliers* oder Ritter, aus welchen der Rath bestehet, ernennet werden, wird am Sonntag *in albis* gehalten, bey welchem alle Ritter, deren Anzahl sich über 300 beläuft, zu erscheinen verbunden sind.

Dieser Orden besitzet 23 Prioreyen, 35 Balleyen, und eine grosse Anzahl von Commenthureyen.

XXXIII.

XXXIII. pag: 105.

Herzog. Würtemberg. Orden.

XXXIII.
Von dem Jagd-Orden in Würtemberg.

Gestiftet im Jahr Christi 1702.

Dieser Orden ist im Jahr 1702. von Herzog Friederich Carl in Würtemberg gestiftet, und von Herzog Eberhard Ludwig 1711. erneuert worden.

Das Ordens-Zeichen ist ein goldenes in acht Spitzen ausgehendes roth emaillirtes Creutz, in dessen Mitte ein klein grün emaillirtes Mittelschildlein, worauf ein goldenes W mit einem Herzoglichen Hut darüber, zu sehen ist. In den 4 Winkeln des Creutzes sind 4 goldene Adler mit ausgebreiteten Flügeln, und zwischen den Spitzen 4 goldene Jagdhörner.

Dieses Ordens Creutz wird von den Rittern an einem handbreiten Ponceau-farb gewässerten Band von der rechten Achsel nach der linken Hüfte zu hängend getragen: bey Solennitäten aber tragen sie solches an der Ordens-Kette um den Hals auf der Brust hängend.

Diese Ordens-Kette bestehet aus dreyerley an einander gesetzten Gliedern. Das erste Glied stellet einen goldenen schwarz emaillirten Adler, mit ausgebreiteten Flügeln, goldenem Schnabel und Klauen vor. Das andere ist ein rundes göldenes grün emaillirtes Schild mit einem schmalen goldenen Rand, worauf ein goldenes W zu sehen, und worüber ausserhalb des Schildes ein Herzoglicher Hut stehet. Das dritte Glied stellet 3 ineinander geschlungene goldene Jagdhörner vor. Diese Glieder sind wechselsweis aneinander gesetzt, und unter sich mit kleinen goldenen Ketten verbunden.

Ueberdem tragen die Ritter dieses Ordens noch auf der linken Brust einen achtspitzigen mit Strahlen gestickten silbernen Stern, dessen 4 Mittelspitzen länger sind als die Eckspitzen; in der Mitte desselben ist eine weisse Circul-Fläche, auf welcher ein achtspitzig roth gesticktes Creutz zu sehen, in dessen Mitte eine grüne Circul-Fläche mit einem goldenen W und einem Herzoglichen Hut darüber. In den Winkeln des Creutzes sind 4 goldene Adler mit ausgebreiteten Flügeln, und zwischen den Spitzen 4 goldene Jagdhörner zu sehen. Umher ist ein grüner Circul, worauf mit goldenen Buchstaben die Ordens-Devise stehet: *Amicitiæ virtutisque fœdus.*

Das Ordens-Fest wird jährlich den 3ten Nov. als am St. Huberti-Tag, zu Ludwigsburg gefeyert.

XXXIV.

XXXIV.

Herzogl. Holsteinische Orden.

XXXIV.

Von dem Annen-Orden in Hollstein.

Gestiftet im Jahr Christi 1735.

Dieser Orden ist von Herzog Carl Friederich von Schleswig-Hollstein, zum Andenken sowohl der verstorbenen Russischen Kayserin, als auch seiner Gemahlin, welche beyde den Namen Anna führten, im Januario des 1735sten Jahrs gestiftet, und deswegen der Annen-Orden genennet worden.

Das Ordens-Zeichen ist ein goldenes viereckigtes flammigtes, roth emaillirtes Creutz, mit einer schmalen goldenen Einfassung, auf dessen rechter Seite in einem goldenen Mittel-Schild die Heil. Anna mit einem Creutz in der Hand, auf der andern Seite aber die Buchstaben *A. I. P. F.* im Zuge zu sehen sind. Aus den Winkeln des Creutzes gehen goldene Feuerflammen hervor. Dieses wird von den Rittern an einem handbreiten Ponceau-farbenen gewässerten Band mit einer gelben Einfassung von

von der linken Schulter nach der rechten Hüfte zu hängend getragen. Ferner führen die Ritter dieses Ordens noch auf der rechten Brust einen achtspitzigen mit Strahlen gestickten silbernen Stern, dessen 4 Mittelspitzen länger sind als die Eckspitzen: in dessen Mitte eine goldene Circul-Fläche zu sehen, worauf ein rothes viereckigtes flammigtes Creutz gestickt ist. Umher ist ein Ponceau-farbener atlassener Circul, worauf oben eine silberne Crone zu sehen, welche von 2 mit Silber gestickten fliegenden Engeln gehalten wird. Umher stehen mit silbernen Buchstaben die gestickten Worte, als des Ordens-Devise: *Amantibus justitiam, pietatem, fidem.*

An solennen Festen erscheinen die Ritter im völligen Ordens-Habit, welcher ausser einem schwarz sammtenen Kleid und dem vorbeschriebenen Ordens-Zeichen, noch in einem langen roth sammtenen Mantel bestehet. Dieser Ordens-Mantel ist mit dreyerley besondern Zeichen mit Gold und Silber gestickt. Das erste Zeichen ist 1) Der vorher beschriebene Ordens-Stern. 2) Die goldenen in einen Zug geschlungenen Buchstaben *A. I. P. F.* 3) Die Heil. Anna, mit Gold, Silber und andern Farben gestickt, welche kniend vorgestellt ist: welche 3 Stücke einander immer abwechseln, und den ganzen Mantel anfüllen, welcher unten rund geschnitten, und

so

so lang ist, daß ihn die Ritter mit der Hand halten müssen.

Bey Fürstlichen Personen ist dieser Mantel mit Hermelin durchaus gefüttert, der Ritter ihre Mäntel aber sind mit Sammet auf Hermelin Art gefüttert, und wird auf der Brust durch eine Aggraffe von Gold befestiget.

Die Ordens-Hüte sind von rothem Sammt, mit herunter geschlagenen Krempen, und mit Hermelinsammet gefüttert.

XXXV.

XXXV.

Von dem Orden de la Sincerité, oder vom Rothen Adler-Orden in Bayreuth.

Gestiftet im Jahr Christi 1705.

Dieser Orden ist im Jahr 1705. von Marggraf Christian Ernst von Bayreuth gestiftet worden, und ist noch daselbst in grossem Ansehen.

Das Ordens-Zeichen ist ein von Gold weiß emaillirtes, in acht breiten Spitzen bestehendes Creutz, oben mit einem Chur- und Fürsten-Hut bedecket: in der Mitte des Creutzes ist auf einer Seite der rothe Brandenburgische Adler, mit dem Hohenzollerischen Brust Schild, und dem neben umstehenden *Symbolo*: *Toujours le même*, zu sehen. Auf der andern Seite stehet der verzogne Name des jederweiligen regierenden Herrn Marggrafen auf roth mit Gold emaillirt, und auf dem Rand der Spitzen die Anzeigs-Worte: *L'Ordre de la Sincerité.*

Dieses

XXXV. pag. 110.

Marggräfl. Bayreut. Orden.

Dieses Creutz wird von den Rittern an einem roth Ponceau-farbenen, auf beyden Rånden und in der Mitte mit einem auf Ketten-Art eingewirkten Goldfaden gezeichneten Band um den Hals auf der Brust hångend getragen. Ueberdem führen die Ritter dieses Ordens noch auf der linken Seite des Camisols einen achtspitzigen mit Strahlen gestickten goldenen Stern, dessen 4 Mittelspitzen långer sind als die Eckspitzen, in dessen Mitte das oben beschriebene Ordens-Creutz gestickt zu sehen, mit der Umschrift: *Toujours le même.*

Ihre Kleidung bestehet in einem tuchenen Rock und Camisol, von Amaranthe-Farb, mit einer goldenen Tresse eingefaßt, mit einem weissen Futter, mit goldenen Knöpfen und dergleichen ausgenåhten Knopflöchern: dann weiß seidenen Strümpfen und einem goldenen Degen, mit einem von Gold bordirten Gehång: auf dem Haupt tragen sie einen mit Gold eingefaßten Hut, mit einer weissen Feder, und einer schwarzen Cocarde.

XXXVI.
Von dem Orden de la Fidelité, in Baden-Durlach.

Gestiftet im Jahr Christi 1716.

Carl, Marggraf zu Baden-Durlach, richtete diesen Orden im Jahr 1716. auf, und die regierenden Herren Marggrafen sind jedesmal Oberhäupter dieses Ordens.

Das Ordens-Zeichen ist ein goldenes achtspitziges roth emaillirtes Creutz, in dessen Mitte eine weiß emaillirte Circul-Fläche zu sehen, worauf einige Felsen mit einem doppelten *C.* zu sehen mit der Ueberschrift: *Fidelitas.*

Auf der andern Seite ist in dem weiß emaillirten Schilde das Fürstl. Badische Wappen mit einem rothen Querbalken in goldenem Felde zu sehen. Ueber dem Creutz ist ein roth emaillirter Fürsten-Hut mit Hermelin-Ausschlage zu sehen; in den Winkeln des Creutzes sind jedesmal 2 ineinander geschlungene *C.*

Dieses

XXXVI. pag. 112.

Marggräfl. Baden-Durlache Orden.

Dieses Creutz wird von denen Rittern an einem 2 Finger breiten Orange-farbenen gewässerten Band mit silberner Bordure um den Hals auf der Brust hängend getragen. Ueber dem führen die Ritter dieses Ordens noch auf der linken Brust einen achtspitzigen mit Strahlen gestickten silbernen Stern, dessen 4 Mittelspitzen länger sind als die Eckspitzen, in dessen silbernen Mittelschild der geschlungene doppelte Buchstabe *C.* zu sehen, welcher mit einem Fürsten-Hut bedeckt ist. Umher stehen in einem rothen Circul mit goldenen Buchstaben die Worte: *Fideliter & sincerè.*

Die Ritter dieses Ordens müssen guten alten adelichen Herkommens, und guten Wandels seyn.

G. Republicanische Ritter-Orden.

XXXVII.

Von dem Orden des Heiligen Marci zu Venedig.

Von der Zeit der Stiftung dieses Ritter-Ordens kann man nichts gewisses sagen; indessen floriret derselbe noch jetzo zu Venedig, und der Senat daselbst behält sich das Recht vor, sowohl Einheimische, als Fremde damit zu beehren, insonderheit aber denselben denjenigen zu conferiren, welche der Republic besonders große Dienste erweisen, wenn sie auch gleich nicht von adelichem Herkommen oder Geschlechte sind.

Das Ordens-Zeichen bestehet in einer Medaille, auf deren einer Seite das Wappen der Republic, nemlich ein geflügelter Löwe stehet, welcher in der rechten Pfote ein blosses Schwerdt, in der linken aber ein offenes Buch hält, worauf die Worte zu lesen: *Pax tibi Marce Evangelista.* Auf der andern

Herzogl. Venetian. Orden.

dern Seite ist der Name des jederweilig regierenden Doge oder Herzogen zu lesen.

Diese Medaille tragen die Ritter an einer goldenen Kette um den Hals, auf der Brust.

Ihr Habit bestehet in einem langen schwarzen Rock, mit weiten Ermeln, wie dergleichen Habit auch die *Nobili di Venezia* zu tragen pflegen.

XXXVIII.

Von den Rittern der güldenen Stole zu Venedig.

Unter andern Kennzeichen einer Königlichen Hoheit, welche die Republic Venedig sich zueignet; ist auch dieses eines, daß sie sich des Rechts bedienet, Ritter zu ernennen, deren Anzahl aber nicht eingeschränket ist. Man nennet selbige Ritter von der goldenen Stole, in Betracht derjenigen Zierde und Zeichen, welches sie über der linken Achsel hängend tragen: welches aus einer, von goldenen Blumen reich gestickten Stole einer Hand breit bestehet, und welche ihnen vornen und hinten über die Schulter bis auf die Knie herab hänget.

Der Senat erhebet niemand zu dieser Würde, der nicht von den ältesten Geschlechtern des Staats abstammet, oder der sich nicht durch sonderliche große Verdienste, Ambassaden, und andere ausserordentliche Gelegenheiten derselben würdig gemacht.

Der Habit der Ritter, welchen man den Herzoglichen Habit nennet, bestehet aus einem langen

Kleid

Herzogl. Venetianische Orden.

RITTER VON DER GULDE-
-NEN STOLE.
Chevalier de l'Etole d'Or.

Kleid von rothem Stoff, Taffet oder Damast, an welchem weite Ermel sind, welche fast bis auf die Erde gehen. Das Unterkleid ist Cramoisinroth, welches Winterszeit mit kostbarem Pelzwerk gefüttert und ausgeschlagen ist.

In diesem Habit erschienen die Ritter nicht nur acht Tage nach ihrer Promotion, (als welches sie bey Strafe 500 Ducati thun, und um den Doge oder Herzog in diesen Tagen beständig seyn müsten) sondern zu jeder Zeit; bis sie dessen, vermöge einer 1631. ergangenen Verordnung, enthoben wurden, zufolge derselben sie in diesem Ceremonien-Kleid niemalen, als bey gewissen hohen Festins und Functionen erscheinen.

Ansonsten tragen diese Ritter nach Belieben eine ordinaire Kleidung, über welcher sie noch ein langes Oberkleid tragen, welches im Sommer von Cramoisin Atlas oder Tafft, zu Winterszeit aber mit dem kostbarsten Pelzwerk gefüttert ist, und welches sie entweders mit einer sammtnen Gürtel mit Franzen, oder mit goldnen Knöpfen befestigen. Die goldene gestickte Stole aber tragen sie täglich. Ihre Mütze ist derjenigen gleich, welche andere Personen von Distinction tragen, nemlich von schwarzem Tuch mit Franzen und schwarzem Taffet gefüttert.

Die *Cavalieri* stammen allezeit von den ersten, ältesten und vornehmsten Familien des Staats ab. Sie werden allezeit zu den größten und wichtigsten Ambassaden gebraucht, und bey der Rückkehr eines solchen Ambassadeurs, gehen allezeit die ältesten Ritter, wie auch der *Proveditеur* von St. Marco demselben entgegen, ihn mit den gewöhnlichen Ceremonien zu empfangen und einzuholen.

XXXIX.

XXXIX. *pag.* 119.

Genuesische Orden.

XXXIX.
Von dem Orden des Heiligen Georgii, in Genua.
Gestiftet im Jahr Christi 1701.

Giustiniani, Schoonebeck und Bonani in ihren Geschichten der Ritter-Orden.

Diese Schriftsteller reden von einem Ritter-Orden in Genua, dessen Stiftung sie Kayser Friederich III. zueignen. Sie sagen: als dieser Herr im Jahr 1452. von Rom zurück gekommen, so sey er durch Genua gegangen, wo er mit vieler Pracht aufgenommen worden. Zur Bezeugung seiner Erkenntlichkeit gegen diese Republic nun, habe er einen Orden gestiftet unter dem Namen und Schutz des Heil. Georgs, und den Rittern ein goldenes viereckigtes roth emaillirtes Creutz zum Zeichen gegeben, welches von den Rittern an einer goldenen Kette hängend, getragen wird.

Weil er aber den Doge dieser Republic zum Großmeister dieses Ordens gemacht, und dieser Doge sich alle 2 Jahr verändert, so habe sich der

Orden nicht erhalten können, sondern seye gänzlich wieder ausgegangen.

Es ist wahr, daß Kayser Friederich III. im Jahr 1452. nach Rom gegangen, um sich daselbst mit der Kayserin Eleonora, seiner Gemahlin, krönen zu lassen. Weil er aber im Jahr 1468. von da, wie gemeldet, zurück kehrete, und Pabst Paul den II. bath, den Orden des Heil. Georgs zu errichten, und zu billigen, mit welchem er die Abbtey zu Mühlstadt zur vornehmsten Wohnung der Ritter durch diesen Pabst vereinigen ließ: So kann es wohl seyn, daß dieser Kayser, da er auf seiner Rückreise durch Genua gegangen, einige Genuesische Edelleute zu Rittern dieses neuen Ordens gemacht, und daß man daher geschlossen, er habe zu Genua einen Orden unter dem Namen des Heil. Georgs errichtet.

Dieser Orden ist eben von keiner großen Wichtigkeit.

Röm. Kaÿse. Orden.

Dritter Abschnitt.

Frauenzimmer-Orden.

XL.

Von den Stern-Creutz-Ordens-Damen in Wien.

Gestiftet im Jahr Christi 1688.

Diese sind von des Kaysers Leopoldi Gemahlin Anno 1688. zu Wien gestiftet, und der Orden vom wahren Creutz von derselbigen genannt worden: um dadurch ihre Erkänntlichkeit gegen Gott zu bezeugen, und das Andenken für dessen Güte stets zu erneuern, nach welcher bey damaliger Abbrennung der Kayserlichen Burg ein goldenes Crucifix, worinnen 2 Stücklein von dem Creutz Christi eingefaßt waren, und welches die Kayserin besasse, mitten unter den Flammen unversehrt geblieben seyn solt. Das Ordens-Zeichen ist ein achtspitziges goldenes Creutz, darauf ein kleineres braun emaillirtes

Creutz lieget; unter dem Creutz präsentiret sich auf einer weiß emaillirten Circul-Fläche ein goldener schwarz emaillirter zweyköpfigter gekröhnter Adler mit ausgebreiteten Flügeln; zwischen den Spitzen des Creutzes sind 4 rothe achtspitzige Stern zu sehen, und um das ganze Ordens-Zeichen gehet ein goldner Circul, worauf mit schwarzen Buchstaben die Ordens-Devise: *Salus & Gloria*, emaillirt zu lesen ist. Dieses Ordens-Zeichen wird von den Damen an einer schwarzen 2 Finger breit gewässerten Schleiffe auf der linken Brust hängend, getragen. Die regierende Röm. Kayserin ist vermög der Stiftung allezeit Großmeisterin dieses Ordens.

Es floriret derselbige am Wienerischen Hof, und in den Kayserl. Erblanden gar sehr, und pflegt selbiger alle Jahr den 3ten May und 14ten September, als an welchen 2 Tagen das Creutz-Ordens-Fest in dem Profeß-Haus der PP. Jesuiten auf dem Hof gefeyert wird, von der Kayserin Majestät an viele Fürstl. Gräfl. und Freyherrliche Dames ausgetheilet zu werden. Es hat dieser Orden auch seine Rathsfrauen und Assistentinnen. Die Erstere führen den Titel Excellence, und bestehen gröstentheils aus denen Oberhofmeisterinnen und Geheimder Räthe Gemahlinnen; die Assistentinnen aber werden von der Präsidentin zu Ernennung und Annehmung

der

der Ordens-Damen bey Solennitäten gebraucht. Die Patronen dieses Ordens sind die Mutter Gottes und der Heil. Joseph. Pabst Clemens IX. hat selbigen bestättiget, und dem Erzbischof von Wien die Aufsicht in geistlichen Dingen darüber anvertrauet.

XLI.
Von dem Orden der Sclavinnen der Tugend in Wien.

Gestiftet im Jahr Christi 1662.

Im Jahr 1662. wurde dieser Orden von der Kayserin Eleonore, verwittibten Gemahlin Kaysers Ferdinandi III. gestiftet. Sie gab den Ritterinnen desselben zum Ordens-Zeichen eine goldene Medaille, auf welcher eine goldene Sonne mit grünen Lorbeer-Zweigen umgeben, zu sehen ist, mit der umher stehenden Devise: *Sola ubique triumphat.*

Diese Medaille wird von den Dames bey Solennitäten an einer goldenen Kette, in Form eines Bracelets, um den linken Arm getragen, an andern Tagen aber tragen sie eine kleinere Medaille, welche an einem schwarzen Band an dem linken Arm angeheftet wird.

Die Anzahl der Ritterinnen bestehet in nicht mehr als 30 Dames, und müssen dieselben von gutem altem Adel und Aufführung seyn, auch angeloben, der Kayserin als Großmeisterin treu zu verbleiben, und allen löblichen Uebungen nachzustreben.

Nach

Röm. Kayß. Orden.

Nach dem Todes-Fall einer jeden Ordens-Genossin muß das große Ordens-Zeichen oder Medaille der Großmeisterin zurück geschicket werden, die kleinere Medaille aber verbleibt den Erben oder Freunden derselben eigen, zum Angedenken, daß eine Person ihrer Familie die Ehre gehabt hat, in diesem Orden aufgenommen gewesen zu seyn.

XLII.

Von dem Catharinen-Orden in Rußland.

Gestiftet im Jahr Christi 1714.

Dieser Orden, welcher noch jetzo in sehr großem Ansehen stehet, ist im Jahr 1714. von der Czaarin Catharina, zum Andenken der am Flus Pruth Anno 1711. mit den Türken gehaltenen grossen Schlacht, gestiftet worden: Dann als die Czaarin ihrem Gemahl aus großer Liebe nach dem Flus Pruth folgete, und die ganze Armee nebst beyden Majestäten in großer Noth waren, so hatte die Kayserin einen Courier an den Großvezier gesandt, und ihme eine große Summe Geldes versprochen, wenn er sich mit dem Czaar in Friedens-Tractaten einlassen wollte. Als nun der Großvezier solcher Bitte Statt gegeben, auch darauf der Friede geschlossen wurde, schickte derselbe Deputirte in das Russische Lager, denen unter andern Verrichtungen auch dieses mit aufgetragen war, daß sie die Czaarin ersuchen möchten, sich ihnen sehen zu lassen, weil er an ihrer Gegenwart zweifelte, und daß ein Frauenzimmer aus Liebe zu ihrem Gemahl sich in solche Gefahr

XLII. pag: 126.

Rußische Kayser. Orden.

fahr begeben sollte. Zu dessen Andenken beliebte es dem Czaar, daß seine Gemahlin diesen Orden einsetzen sollte.

Das Ordens-Zeichen ist ein rundes goldenes cramoisin emaillirtes Schild, auf welchem ein weisses viereckigtes Creutz lieget, unten vor dem Creutz stehet ein halbes braunes Rad mit Speichen und goldnen Nägeln. Hinter dem Creutz ist die Heil. Catharina sitzend zu sehen; ihre Kleidung ist oben Rosenfarb, das Unterkleid bleumourant; ihr Haupt ist mit einem Schein umgeben, und in der Hand hält sie einen grün emaillirten Palm-Zweig.

Dieses Ordens-Zeichen ist mit einem Circul von Diamanten umgeben. An den 3 Orten, wo das weisse Creutz an beyden Seiten und unten anstösset, sind 3 Lilien von Diamanten, oben aber eine diamantne Crone, welche das Ordens-Zeichen bedecket. Ueber dieser Crone ist noch ein kleiner achteckigter Stern von Diamanten.

Dieses Ordens-Zeichen hängt von der rechten Schulter nach der linken Hüfte zu, an einem Ponceau-farb schmalen gewässerten Band, mit einer silbernen Einfassung. Gleich über dem Ordens-Zeichen ist eine Schleiffe von diesem Band, worauf mit silbernen Buchstaben eine Russische Schrift stehet.

Ueber

Ueber dem führen sie auf der linken Brust einen achtspitzigen mit Strahlen gestickten silbernen Stern, welcher in der Mitte eine Ponceau-farbene Circul-Fläche hat, worauf ein silbernes Creutz, mit einem silbernen halben Rad unten, zu sehen. In den 4 Winkeln des Creutzes stehen die 4 Buchstaben *E. R. O. S.* Umher ist ein rother Circul, worauf eine goldene Russische Schrift stehet, welches die Ordens-Devise ist, und so viel heisset, als: *Pro Fide & Patria.* Die Crone, welche oben stehet, ist von Gold, und unten sind 2 Creutzweis gelegte grüne Palm-Zweige.

Es wird dieser Orden nur dem vornehmsten Frauenzimmer conferiret, und zwar sowohl einheimischen, als fremden.

DAME VOM MATHILDIS
OR= =DEN.
Dame de l'Ordre
St. Ma= =thilde.

XLIII.

Von dem Mathildis-Orden in Dänemark.

Gestiftet im Jahr Christi 1770.

Dieser Orden wurde im Jahr 1770. den 12ten Jul. zum Angedenken Ihrer höchst glücklichen Vermählung von der Königinn in Dänemark, Carolina Mathilde, gebohrnen Prinzessinn von Großbrittannien, aus Zärtlichkeit vor ihren Gemahl gestiftet.

In dem Ordenszeichen befindet sich der verzogene Name der höchsten Stifterinn von Perlen zusammengesezt in einem Kreutze von Diamanten und einem weissen Felde, über welchem eine Königliche Krone stehet. Es wird an einem blauen Bande von den Damen auf der Brust angeheftet getragen. Das Ordensdilemma ist: *Gloria & amore Patriæ.* Dieser Orden wird niemanden, als nur denen, welche sich in Ansehung ihrer hohen Reichsbedienungen darzu qualificirt befinden, als ein hohes Merkmal der Königlichen besondern Gnade, jedoch aber ohne jährlichen Gehalt ertheilet.

XLIV.

Von dem Militär=Orden des Heiligen Heinrichs in Chursachsen.

Gestiftet im Jahr Christi 1768.

Dieser Orden ist ebenfalls zu Beförderung des Diensteifers im Militärwesen, und zur Belohnung vorzüglicher kriegerischer Verdienste, von des Herrn Administrators Prinz Xavers, Königlichen Hoheit im Jahr 1768. vor die in würklichen Chursächsischen Kriegsdiensten stehende Oberofficier errichtet, und ihme die Benennung des Chursächsischen Militärordens St. Henrici gegeben worden.

Das Großmeisterthum des Ordens ist mit dem Churfürstenthum Sachsen unzertrennlich vereiniget, und die Ritter werden in drey Classen, nemlich in Großkreutze, Commandeurs, und Kleinkreutze eingetheilet. Die Anzahl derselben bestehet aus zwey Großkreutzen, vier Commandeurs, und sechs und dreyßig Kleinkreutzen, welche sämmtlich gewisse jährliche Gehalte geniessen: ausser denen aber noch meh-

rere

XLIV. Chur Sachsische Orden. pag. 130.

rere ohne Gehalt, nach des Großmeisters Gutbefinden, aufgenommen werden können.

Das Ordenszeichen bestehet in einem güldenen achteckigten Kreutze, mit einer weißgeschmelzten breiten Einfassung. In der Mitte zeigt sich ein gelbgeschmelztes rundes Schildlein und in demselben der Kaiser Heinrich der Heilige, stehend und geharnischt, in völligem Kaiserlichem Schmucke, mit beygefügtem Namen; In der blauen Einfassung gedachten Schildleins sind die Worte zu lesen: *Xaverius Princeps Poloniæ Dux & Administrator Saxoniæ instituit* 1768. Auf der andern Seite des Kreutzes ist ein ebenfalls blaueingefaßtes Schildlein, oben schwarz und unten silber, queer getheilt, auf welchem zwey ins Kreutz aufwärts gestellte Schwerdter, als das Wappen von Chursachsen, mit einem Lorbeerkranz umgeben, zu sehen sind, und in der blauen Einfassung befindet sich das Ordenslemma: *Virtuti in bello!* Die vier Winkel um den Schild sind mit grünen Zweigen des Sächsischen Rautenkranzes ausgefüllt.

Dieses Ordenszeichen ist von zweyerley Gattung, nemlich das große, und das kleine Kreutz, jenes vor die Ritter der zwey ersten Classen, und dieses vor die Ritter der dritten.

Die Großkreutze tragen das größere Ordenszeichen an einem handbreiten himmelblauen seidenen Bande, mit citrongelber Einfassung von der rechten Schulter nach der linken Hüfte, und über dieß auf dem Rocke, an der linken Brust einen achtspitzigen übereckgestellten, mit Strahlen von Gold gestickten Stern, in dessen Mitte vorherbeschriebene zwote Seite des Ordenszeichens mit den von einem Lorbeerkranze umgebenen Sächsischen Churschwerdtern, und beygefügten Ordenslemmate vorgestellt ist. Die Commendeurs tragen ein gleiches großes Ordenszeichen' auf eben diese Weise an eben dergleichen breitem Bande, doch ohne gestickten Stern, und die Kleinkreutze tragen es von kleinerer Größe in dem dritten Knopfloche des Rockes an einer zweyen fingerbreiten seidenen Bandschleife von eben derselben Farbe. Der jedesmalige Ordenskanzler erhält zugleich das große Kreutz, und die beyden Ordensbeamten, der Ordensschatzmeister, und der Ordenssecretarius tragen das kleine Ordenszeichen.

Zu der ersten feyerlichen Aufnahme der ernannten Ritter, welche des Herrn Administrators Königliche Hoheit in Vormundschaft seiner Churfürstlichen Durchlaucht selbst vorzunehmen geruhet hatten, war der Sonntag, der 4te September 1768. angesetzt. Diese Ceremonie erfolgte in dem damahligen

gen Hoflager auf dem Lustschlosse zu Pillnitz, und Se. Churfürstlichen Durchlaucht sowohl, als des Herrn Administrators Königliche Hoheit trugen an bemeldtem Tage das große Kreutz des neugestifteten Ordens, in welchem auch die beyde damit bereits investirte Großkreutze, und der Ordenskanzler erschienen.

Nach geendigtem Gottesdienste begaben sich Höchstgedachte Se. Königliche Hoheit unter Vortrettung der Ordensbeamten, der Ordenscandidaten, Gedachten zween Großkreutze und des Ordenskanzlers, in Begleitung der Ordenschargen, Gardecommandanten, und der Großen vom Hofe, in den großen Tafelsaal, dessen Inneres mit einem Detaschement von der Adelichen Cadetencompagnie besetzt war.

Als Se. Königl. Hoheit, in selbigem unter Trompeten- und Pauckenschall eingetretten waren, verfügten sich die bereits creirten zween Großkreutze zu ihren seithalb des Thrones rechts und links stehenden Stühlen, und die Ordenscanditaten stellten sich dem Throne gegen über in eine Reihe: Se. Königliche Hoheit aber nahmen auf dem mit drey Stufen erhöheten Throne Platz.

Hierauf hielten, Se. Excellenz der Churfürstl. Cabinetsminister und Staatssecretarius, Herr Baron

ron von Ende, als Großkanzler eine der vorhabenden Handlung gemäße wohlgesetzte Rede.

Nach Endigung derselben, da Se. Königl. Hoheit sich immittelst bedecket hatten, auch von den beyden Großcreutzen, und dem Ordenskanzler ein gleiches geschehen war, wurde die Promotions-Liste der sammtlichen ernannten Ritter von Sr. Königl. Hoheit letzterm zugestellt, so wie solche hernach folget; und selbige sowohl als die Ordensstatuten durch den Herrn Geheimen Kriegsrath Just, als Ordens-Secretarium, verlesen.

Nachdem nun auch von demselben den aufzunehmenden Ordensrittern der Eid vorgelesen worden, so verfügten sich dieselbe, einer nach dem andern zu dem Thron, knieten vor Sr. Königlichen Hoheit nieder, und legten den Ordenseid auf das Statutenbuch, welches Höchstdenenselben von dem Ordenskanzler auf den Schoos geleget worden, ein jeder besonders ab. Sodenn gaben Se. Königl. Hoheit den Candidaten den Ritterschlag mit ausgezogenem Degen, geruheten auch zugleich die von dem Ordensschatzmeister, dem Herrn Generalcommissario von Heynitz, überreichte Ordenszeichen, als nemlich den Herren Commandeurs das Ordensband mit dem großen Kreutze, unter Beystand des Ordenskanzlers, selbst umzuhängen; den Kleinkreutzen aber das

kleinere

kleinere Ordenszeichen eigenhändig zuzustellen, und hierauf den neu erwählten Rittern die Anolade zu geben. Diese küsseten hierauf Ihro Königl. Hoheit die Hand, und begaben sich auf die für sie zubereiteten Plätze.

Nachdem solchergestalt die anwesenden Candidaten einer nach dem andern zu Rittern geschlagen, und in den Orden aufgenommen worden, auch sich untereinander unter Trompeten- und Pauckenschall umarmt hatten, standen Se. Königliche Hoheit von dem Throne auf, und wurden von der nemlichen Ordensprocession, wobey nunmehr sämmtliche Ritter bedeckt waren, durch den Garten in Dero Appartement begleitet; nachher aber sämmtliche Ritter von allen dreyen Classen nebst den Ordensbeamten an die Churfürstliche Tafel gezogen.

XLV.

Von dem Löwenritter-Orden in Churpfalz.

Gestiftet im Jahr Christi 1768.

Carl Theodor, jeztregierender Churfürst von der Pfalz errichtete diesen Orden nach seiner fünf und zwanzigjährigen Regierung den ersten Tag des 1768. Jahres, um damit seine Erkänntlichkeit gegen alte und getreue Staatsbediente allgemeiner zu machen; weil sich zu diesem seinem Zwecke der bereits florirende St. Huberts-Orden nicht in allem bequemen, und er in demselben nichts neues verfügen wollte, so entschloß er sich einen neuen, und also hiemit gegenwärtigen, unter der Benennung des Churpfälzischen Löwens zu stiften, worein alle sowohl geistliche als weltliche Personen von allen dreyen in dem Römischen Reiche erlaubten Religionen, aufgenommen werden, welche Altadelich erwiesenen Herkommens sind, und sich gegen das Hohe Churhauß besondere Verdienste gemacht, oder inskünftige machen werden, und bey dasigen, oder andern Höfen, oder in Kriegsdiensten ansehnliche Ehrenstellen bekleiden; wobey insonderheit auf die

Chur Pfälzl. Orden.

die persönliche gute Eigenschaften der Dienerschaft belobten Churhauses, und auf deren langjährige Treue und erspießliche Dienste sowohl, als auf guten alten Adel die Rücksicht zu nehmen sich vorbehalten wird.

Die erste Solennität der Errichtung dieses Ordens gienge den ersten Tag des 1768. Jahres, als ein Gedenkfest der angetrettenen Churfürstlichen Landes-Regierung vor: wobey sich Ihro Churfürstliche Durchlaucht erklärten Zeitlebens vor Sich und Dero Nachfolger das Großmeisterthum dieses Ordens zu führen, und zugleich die zu beobachtende Satzungen bekannt machen liessen; Unter den Ordenszeichen bestehet der auf der linken Seite des Oberkleides an der Brust zu tragende Stern in einem achteckigten auf allen Seiten gleich ausgebreiteten Kreutze, von mattem Silberfaden, dessen Rand mit Silberblätt, oder Glanz, der Zwischenraum der Kreutztheile aber mit Flammen von gleichem Silberglanz gezieret, bestehet, in dessen Mitte unter dem Churhute die Buchstaben *C. T.* auf denen Kreutzflächen aber das Wort *Institutor* durch ausgetheilte Buchstaben von erhabenem Goldfaden ausgedruckt sind.

Das Ordenskreutz ist von Gold, dessen Fläche mit blauem Schmelz, der Zwischenraum aber mit güldenen Flammen versehen, in der Mitte einen stehend gekrönten güldenen Löwen mit der Ueberschrift von güldenen Buchstaben *Merenti* auf einem weißgeschmelzten verschlungenen Bande auf der obern, auf der gleichgestalten untern Seite aber, statt des Löwens, unter dem Churhute, die Namensbuchstaben des Errichters *C. T.* mit der Aufschrift habend: *Institut*; Anno 1768.

Dieses Ordenskreutz wird an einem vier Finger breiten gewässerten weiß seidenen Bande, dessen Rand einen Viertelszoll breit Himmelblau eingefasset ist, von der linken Schulter zur rechten Seite hinab, von den geistlichen Mitgliedern dieses Ordens aber an einem etwas schmälern Bande an dem Hals auf der Brust hangend getragen. Alle Ordensritter sind befugt ihre hergebrachte und angebohrne Wappen mit diesem Ordensbande zu umgeben, und zu zieren. Das feyerliche Fest dieses Ordens ist jeden neuen Jahrstag; an welchem alle Ordensritter, wenn sie auch dem St. Hubertsorden einverleibet sind, mit dem Stern, und großem Bande des Pfälzischen Löwens zu erscheinen haben, worinn der Durchlauchtige Großmeister dieses Ordens mit seinem Beyspiel selber vorgehet. Bey dergleichen Ritterversammlungen, wird der Rang nach der Aufnahm der Ritter beobachtet, dieses aber übri-

gens

gens denen an dasigem Hofe eingeführten Dienst und Rang-Ordnungen nicht nachtheilig seyn, sondern hierunter das Herkommen vor wie nach beobachtet werden. Auf diejenige, welche sich bereits Merkmale durch Erhaltung des Pfälzischen Löwen-Ordens ihrer Verdienste erworben haben, wird in Ertheilung des St. Hubertsordens, wenn sie erweißlich Altgräflich- oder Freyherrlichen Standes sind, vorzüglich Bedacht genommen. In welchem Falle sodenn der Pfälzische Löwe keineswegs abgeleget, sondern ausserhalb des oben bestimmten Ordensfestes, an einem etwas schmälern Bande, an dem Hals auf der Brust hangend getragen wird; Wer einem auswärtigen Orden vorhin einverleibet ist, und in diesen Haus-Orden aufgenommen zu werden verlanget, hat bey Willfahrung seiner Aufnahm, zuförderst sich jenes fremden Ordens zu begeben, woferne er nicht in Erwegung besonderer Umstände, darinnen dispensirt wird. Die Zahl der Ordensritter ist mit Innbegrif des Ordenskanzlers auf fünf und zwanzig eingeschränkt. Der Orden ist über dieses mit einem Geheimschreiber und Garderober versehen, welche ihre Dienste nach Anweisung des Ordenskanzlers, die dieser vom Durchlauchtigen Großmeister empfängt, zu verrichten haben.

Niemand von den Staatsbedienten, oder dem Landsäßigen Adel ist um diesen Orden anzuhalten befugt, er habe denn fünf und zwanzig Jahre lang wenigstens dem Churhause treue und ersprießliche Dienste geleistet, und ansehnliche Ehrenstellen in dem dasigen Staats- oder Kriegswesen erreichet; wobey jedoch auf Fremde von vorzüglicher Geburt, die Hohe Ehrenstellen geistlich- und weltlichen Standes bekleidet, und dem Hohen Churhause sich durch angenehme Dienste gefällig gemacht, eine besondere Rücksicht zu nehmen sich vorbehalten wird. Jeder zu diesem Orden ernannter Ritter ist verbunden drey Tage vor würklichem Empfang der Ordenszeichen fünf und zwanzig Ducaten dem Ordens-Secretario, als eine denen Ordens-Officianten zugeeignete Ergötzlichkeit zu erlegen. Die Erben der verstorbenen Ordens-Ritter sind schuldig und gehalten, das Ordenkreutz innerhalb drey Monaten an den Ordens-Secretarium zurück zu geben, und endlich behält sich der Hohe Stifter dieses Ordens vor, die Ordenssatzungen zum Besten und der Aufnahme des Ordens zu erweitern, und zu erklären.

XLVI. *pag. 141.*

Chur Pfälz. Orden.

XLVI.

Von dem Chuupfälzischen zum Besten der Nothleidenden gestifteten Damen-Orden der Heiligen Elisabeth.

Gestiftet im Jahr Christi 1766.

Dieser Damen-Orden hat sein Daseyn von der Durchlauchtigen Churfürstinn von der Pfalz Elisabetha Augusta, und seinen Namen von der Mildthätigkeit gegen die Armen erhalten. Er wird nur solchen Damen verliehen die der Catholischen Religion zugethan, und im Stande sind, sowohl ihren, oder wenn sie verheyrathet oder Wittwen sind, ihres Ehemannes Adel mit sechzehen Ahnen zu erweisen. Die Anzahl derselben wird, ausser den Fürstinnen des dasigen Churhauses und anderer Altfürstlicher Häuser, auf die Obrist-Hofmeisterinn, und sämmtliche Hofdamen, sodenn aber auf 6 verehlichte oder verwittibte Damen eingeschräncket; über welche also bestimmte Anzahl, ausser in dem Fall einer Erledigung, keine Dame, wer sie auch immer seyn mag, in den Orden aufgenommen wird.

Die Aufnahme in den Orden aber geschiehet allein auf Ostern, oder auf das Fest der Heil. Elisabeth; da gesammte Ordensdamen verbunden sind, auf solchen letztbenannten Tag nebst Anhörung einer Heil. Messe nach Vermögens-Umständen, Allmosen auszutheilen.

Das Ordenszeichen bestehet, aus einem weißgeschmelzten Kreutz, mit dem Bildniß der Heil. Elisabeth, wie sie Ihre Mildthätigkeit gegen die Arme ausübet, auf der einen Seite, auf der andern aber den Namenszug der Churfürstinn nebst einem über dem Kreutz schwebenden Churhute, habend.

Dieses wird von den Ordens-Damen auf der linken Brust an einem blauen rotheingefaßten Bande getragen, und darf keine Dame ohne dasselbe öffentlich bey jedesmaliger Straffe eines Ducatens erscheinen. Jede Ordens-Dame hat bey ihrer Aufnahm dem Schatzmeister des Ordens vier Ducaten zu erlegen. Nach dem Absterben einer Ordens-Dame muß das Ordens-Zeichen an den Schatzmeister zurück gesandt werden, und alle übrige Ordens-Damen sind verbunden zwey Heil. Messen für die Abgestorbene lesen zu lassen; Die Churfürstinn aber als Ordensstifterinn läßt in solchem Falle ein hohes Seelenamt halten, welchem gesammte beym Hoflager sich befindende Ordens-Damen beyzuwohnen schuldig sind. Woferne eine Ordens-Dame, das

Ordens-

Ordens-Zeichen verliehren sollte, hat sich selbige alsobald ein anderes auf eigene Kosten anzuschaffen.

Die Ernennung der Ordens-Beamten, der Secretarien und Schatzmeister sowohl, als die Anweisung zu ihren Dienstverrichtungen behält sich die Churfürstl. Stifterinn vor, wie nicht weniger auch die Macht und Freyheit diese Ihre Ordenssatzungen nach Gutbefinden, zum Besten und zu der Aufnahme des Ordens zu verbessern, zu vermehren, und zu verändern.

Vermöge einer Bulle Pabst Clemens XIII. wurden diesem Orden der Heil. Elisabeth verschiedene Gnaden und Ablässe verliehen, und ihme zugestanden, daß die Ordens-Damen unter ihrer jederzeitigen Durchlauchtigsten Großmeisterin, in den Kirchen und sonsten sich einfinden, dem Gottesdienst beywohnen, und in Processionen einhergehen dürfen.

Ferner genehmigen Ihro Heiligkeit, alle Versammlungen und Verordnungen, die zur Aufnahme gedachten Ordens gemacht werden, und ertheilten allen und jeden Ordens-Damen, an dem Tage ihrer Aufnahme, wenn sie reumüthig beichten und communicieren, ingleichen in der letzten Sterbestund, nach reumüthiger Beicht und verrichteter Communion, oder wenn dieses nicht mehr geschehen können, nach Anrufung des Namens Jesu, mit dem Munde, oder da auch dieses nicht mehr möglich gewesen, nur

mit

mit innbrünstiger Herzens-Andacht, vollkommenen Ablaß.

Weiter erlangen gesammte Ordens-Damen und zwar die aus dem Fürstenstande einmal in jedem Monat, die Adeliche aber des Jahrs fünfmahl vollkommenen Ablaß, wenn sie nach abgelegter reumüthiger Beicht, und empfangener Heil. Communion, in der zur Ordens-Andacht zur Zeit gewiedmeten Kirche oder Kapelle, das gewöhnliche Gebeth für Einigkeit aller Fürsten, Ausreutung der Ketzereyen, und Aufnahm und Erhöhung der Kathol. Kirche verrichten werden. Ferner erhalten sämmtliche Ordens-Damen hundert Tage Ablaß, so oft sie ein Werk christlicher Liebe oder der Andacht verrichten, und endlich erhalten nicht allein sämmtliche Ordens-Damen, sondern auch alle und jede Christglaubige vollkommenen Ablaß, die an dem Hauptfeste des Ordens, oder dem Feste der Heil. Elisabeth den 19. November von der ersten Vesper des vorhergehenden Tages bis zu Niedergang der Sonnen gemeldten Festes die Ordenskirche oder Kapelle andächtig besuchen, und nach vorher geschehenen Beicht und Communion zu oben gemeldter Meinung der katholischen Kirche innbrünstig beten werden.

XLVII. *pag.*

ADELICHER FUS TURNIER.

Vorläufige

kurze Erklärung

des hie beygesezten

Ritter-Schlags.

Wir verhoffen dem hochgeneigten Leser nicht unangenehm zu gefallen, wenn wir bey Erblickung dieses ersten Kupfers, etwas weniges von einem Ritter des heiligen Römischen Reichs gedenken.

Diese werden allezeit bey der Kayserlichen Crönung von dem neu erwählten Kayser geschlagen; unter denen die Rheinländische Gräfliche Familie von Dalburg, beygenannt Cämmerer von Worms, vermöge uralten Kayserlichen Privilegii, die Oberstelle hat, und geschiehet die Ritterschlagung also, daß Kaysers Caroli M. Schwerdt auswendig über dem Rock des neuen Ritters dreymal gezogen wird, und des Tags vor der Crönung der neue Kayser die Namen derjenigen, welche Er zu Rittern schlagen will, an an Chur=Sachsen übersendet, damit er urtheilen möge, ob sie Wappen=Genossen, oder von vier Ahnen Edle sind, keine Uebelthaten, und nichts wider die Ehre gethan haben. Wenn der Ritterschlag geschehen, gibt der Kayser das Schwerdt an Chur=Sachsen wieder zuruck. Und diese Ritter, welche zu ihrer Devise die Worte führen: Thue recht, werden des heiligen Römischen Reichs Ritter genannt.

XLVIII. *pag.*

ADELICHER PFERD TURNIER.

Von einem adelichen Turnier.

Dieses waren vor einigen Seculis gewisse Ritterspiele, zu welchen aber niemand admittirt wurde, der nicht 16 Ahnen beweisen konnte; deswegen sich auch die Ritter erstlich bey dem Wappen-König meldten, und ihm ihr Wappen zeigen musten, ob sie auch Turnier-fähig wären. Die Ritter theilten sich auf dem Turnier in besondere Nationen und Partheien, wurden Paar und Paar in die Schranken gelassen, brachen ihre Speere, rannten mit stumpfen Lanzen gegen einander, und suchten ihren Gegenpart aus dem Sattel zu heben.

Der Zweck dieser Turniere war, daß der tugendhafte Adel im Flor und Würden erhalten, die Deutsche Nation in versicherter Reichs-Defension conserviret, und die jungen Edelleute in ihren Exercitien perfectioniret würden: sintemalen die stumpfen Turnier-Lanzen bey den ernstlichen Treffen in scharfe Speeren verwandelt wurden, und die Ritter sich es dazumalen für eine Ehre schätzten, wenn sie in einer Schlacht nicht von geringen Kerlen, sondern von mannhaften Rittern niedergelegt wurden.

In dem Römischen Reich hatte man solcher Turnier mit Stechen und Lanzenbrechen an der Zahl 36 ausgeschrieben, von welchen das erste im Jahr

Christi

Christi 938 zu Magdeburg von dem Kayser Henrico Aucupe, das letzte aber Anno 1487 zu Worms von der Rheinischen Ritterschaft ausgeschrieben und gehalten worden.

Nachhero sind dergleichen Ritterspiele wegen des eingeführten Schieß-Pulvers abgeschaft worden, an deren Stelle die Kopf- und Quintanrennen, das Ringelrennen, das Zielschiessen, der Roßlauf und das Pfeilwerfen aufgekommen sind.

In Frankreich sind dergleichen Ritter-Uebungen bekannt gewesen: und haben die Römer und Griechen dergleichen schon in Gewohnheit gehabt.